Ein WAS IST WAS Buch

Das Alte Testament

von Dr. GILBERT KLAPERMAN
Jllustriert von JOHN HULL
Redaktion: DONALD D. WOLF

Deutsche Ausgabe von Käte und Heinrich Hart
Wissenschaftliche Überwachung durch
Dr. Paul E. Blackwood

NEUER TESSLOFF VERLAG · HAMBURG

Vorwort

Kein anderes Buch hat eine so mächtige, weltweite Wirkung gehabt wie die Bibel. Sie ist in mehr als tausend Sprachen und Dialekte übersetzt worden. Sie hat ihre Bedeutung zwei Jahrtausende lang bewahrt und sie auch im naturwissenschaftlichen Zeitalter nicht verloren.

Die Bibel ist eine Sammlung religiöser und sittlicher Lehren. Sie ist eine Schatztruhe voller Weisheit und ein bedeutendes Lehrbuch für alle Menschen. Und sie ist ein Werk, das zur großen Weltliteratur gehört — ein Werk von großer sprachlicher Schönheit und Poesie. Die Bibel berichtet von Worten und Taten geistiger Führer, von Propheten und Priestern, von Männern und Frauen und deren Verhältnis zu dem Gott, an den sie glaubten. Zugleich tritt uns in der Bibel der Mensch mit all seinen Stärken und Schwächen so rein und eindrucksvoll entgegen, daß diese Geschichten für zahllose Menschen unschätzbaren Wert erlangt haben.

Dies WAS IST WAS-Buch berichtet von der inneren und äußeren Geschichte der Bibel, von ihren Glaubens- und Morallehren und von ihrem geschichtlichen Hintergrund.

Durch Entdeckungen der modernen Archäologie werden heute viele biblische Texte bestätigt. Die geschichtliche Situation, in der das Alte Testament entstand, wird erhellt, und zugleich zeigt sich, wie erstaunlich genau historische Ereignisse in der Bibel wiedergegeben sind. Auch darüber berichtet dies Buch.

Wer die Bibel schon näher kennt, wird in diesem WAS IST WAS-Buch noch manche neuen Gesichtspunkte entdecken und Kenntnisse über historische Zusammenhänge gewinnen, die sein biblisches Verständnis erweitern. Wer sich noch nicht mit der Bibel befaßt hat, wird durch diese Einführung zu ihrem Studium angeregt.

Copyright © 1969 by Grosset & Dunlap, Inc. Titel der in den USA veröffentlichten Originalausgabe: The Old Testament, Copyright © 1964 bei Wonder Books. eine Abteilung von Grosset & Dunlap, Inc. Veröffentlicht in Übereinkommen mit Wonder Books, New York. Alle deutschen Rechte bei NEUER TESSLOFF VERLAG, Hamburg

Inhalt

	Seite
WAS IST DIE BIBEL?	5
Woher kommt ihr Name?	5
Warum wird sie das Buch der Bücher genannt?	6
Ist die Bibel ein einziges Buch?	6
Was bedeutet das Wort Testament?	7
Was enthält das Alte Testament?	8
Wo entstand die Bibel?	10
Warum gibt es Religion?	10
Wie unterscheidet sich religiöses und wissenschaftliches Denken?	11
Wie wirkte die Bibel auf die Kunst?	11

	Seite
DAS ALTE TESTAMENT ALS GESCHICHTSBUCH	14
Woher stammt das jüdische Volk?	14
Was unterschied Israel von anderen Semitenstämmen?	14
Woher stammt der Name Israel?	15
Wie kamen die Israeliten nach Ägypten?	15
Die besondere Bedeutung Moses	17
Das gelobte Land	18
Das Königreich Israel	19
David und Salomo	20
Das geteilte Reich	20
Die Zeit der Propheten	21
Was bewirkte die babylonische Gefangenschaft?	22
Esra und Nehemia	23
Die letzten Jahrhunderte vor der Zerstreuung	23
Von den Lebensgewohnheiten der Israeliten	24
Wie kleideten sie sich?	26

	Seite
Was aßen sie?	27
Ehe und Familie	28
Hochzeit und Totenfeier	30
Das musikliebende Volk	30

	Seite
DIE GLAUBENS- UND MORALLEHREN DES ALTEN TESTAMENTS	31
Was ist Monotheismus?	31
Was ist mit Offenbarung gemeint?	33
Was ist Inspiration?	34
Was sind die Zehn Gebote?	35
Was ist ihre besondere Bedeutung?	36
Was unterscheidet die Lehren des Alten und des Neuen Testaments?	38
Warum gilt auch für Christen das Alte Testament?	38

	Seite
DIE FORSCHUNG UND DIE BIBEL	39
Die historische Wahrheit	39
Was war die Sintflut?	39
Woher stammte Abraham?	40
Sodom und Gomorra	41
Die Wunder in der Wüste	42

	Seite
DIE BIBEL IM WANDEL DER ZEITEN	44
In wie vielen Sprachen erscheint die Bibel?	44
Was ist die Septuaginta?	44
Welches ist das älteste bekannte Bibelmanuskript	45
Was sind die Schriftrollen vom Toten Meer?	46
Was ist ihre besondere Bedeutung?	46
Wer prophezeite den Frieden?	47
Was sind die Psalmen?	48

Die Völker, von denen die Bibel erzählt, bewohnten nur einen sehr kleinen Teil der Erde.

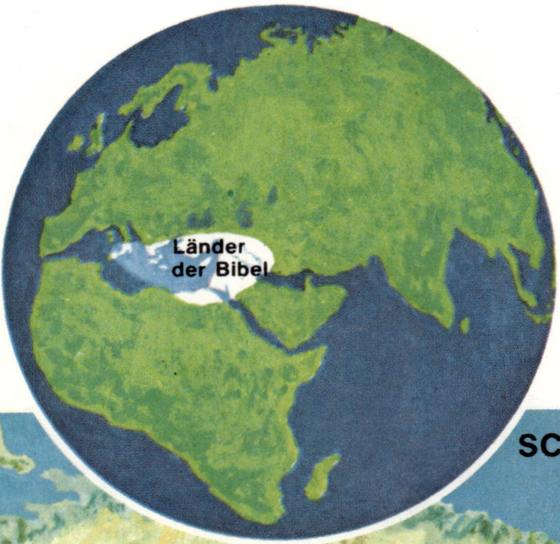

Länder der Bibel

Die Völker des Alten Testaments bewohnten das Gebiet, das vom Schwarzen, vom Kaspischen, vom Mittelländischen Meer, vom Roten Meer und vom Persischen Golf begrenzt wird. Archäologen haben dort bemalte Tongefäße, Reliefs und viele andere Kunstwerke ausgegraben; die wichtigsten Funde der Ausgrabungen aber sind Tausende von beschriebenen Tontafeln, die uns über geschichtliche Vorgänge berichten.

SCHWARZES MEER

KASPISCHES MEER

KAUKASUS

KLEINASIEN

ASSYRIEN

MESOPOTAMIEN

EUPHRAT

TIGRIS

CYPERN

MITTELMEER

PHÖNIZIEN

SYRIEN

KANAAN

JERUSALEM

BABYLON

NILDELTA

BABYLONIEN

Ur

ÄGYPTEN

GOLF VON SUEZ

HALBINSEL SINAI

GOLF VON AKABA

ARABISCHE WÜSTE

PERSISCHER GOLF

NIL

ROTES MEER

Das obige Bild wurde in einer ägyptischen Grabkammer gefunden; es stammt etwa aus dem Jahre 1300 v. Chr. und zeigt Ägypter, Kanaaniter, Nubier und Lydier — Völker also, die in der Bibel eine Rolle spielen. Kanaan wurde später das Land Israel.

Rechts: In Ur am Euphrat fanden Archäologen die Überreste einer Zikkurat, eines Hochtempels, der einst so ausgesehen hat, wie dies Bild es zeigt. Beim biblischen „Turm zu Babel" hat es sich wahrscheinlich um eine Zikkurat gehandelt.

Was ist die Bibel?

Woher kommt der Name?

Am Ufer des Mittelmeers liegt nördlich der libanesischen Hafenstadt Beirut ein kleiner Ort direkt am Strand. Er wird Jbail oder Jebail genannt und zählt nur 2000 Einwohner. So klein und unbedeutend das Städtchen heute auch ist, es hat doch eine große Vergangenheit. Die Geschichtswissenschaftler rechnen es zu den ältesten Städten der Welt. Es bestand schon im vierten Jahrtausend vor unserer Zeitrechnung. Seit dem Mittelalter stehen dort auch die düsteren Mauern einer Kreuzritterburg.

Im ersten Jahrtausend v. Chr. hatte sich Jbail zu einem bedeutenden Handelsplatz entwickelt. In seinen Mauern trafen sich Käufer und Lieferanten, aber auch Gelehrte aus Ägypten, Mesopotamien, Arabien und den Mittelmeerländern. Hier hatte man das phönizische Alphabet weiterentwickelt.

Die Griechen trieben ebenfalls Handel

Goldener Widder, gefunden in Ur.

mit der Stadt; aber sie gebrauchten einen anderen Namen für sie — sie nannten sie Byblos.

Unter vielen anderen Handelsprodukten brachten die Schiffe auch **P a p y r u s** vom Nil nach Byblos. Man schrieb nun nicht mehr in harter Keilschrift auf Tontafeln, sondern mit Tinte auf diese ägyptischen Blätter, die sich aufrollen ließen.

Die Griechen bezogen den Papyrus aus Byblos, und sie übertrugen den Namen der Stadt auch auf das gekaufte Schreibmaterial. Mit „Byblos" war nun nicht nur die Stadt gemeint, sondern auch die Papyrusrolle, die sie beschrieben hatten. Vielleicht verbanden die Griechen auch den Namen Byblos mit Geschriebenem, weil sie das Alphabet von den Phöniziern übernommen hatten — vielleicht von Phöniziern aus Byblos.

Der griechische Einfluß war in den nachfolgenden Jahrhunderten groß. Darum übernahmen auch andere Völker diese Bezeichnung für Schriftrollen. Und als man in späterer Zeit die beschriebenen Bogen, anstatt sie aneinanderzukleben und aufzurollen, zusammenheftete und mit einer festen Hülle zusammenband, als die Bücher entstanden, blieb die alte Bezeichnung, die im Lateinischen zu „Biblia" geworden war. (Darauf geht auch unser Wort Bibliothek zurück.) Die römische Kirche hat dann das Wort Biblia als Namen für die „Heiligen Schriften" verwendet.

Bibel heißt also auf Deutsch „Buch". Man nennt sie auch das „Buch der Bücher".

Warum wird sie das Buch der Bücher genannt?

Den Gläubigen gilt das, was in der Bibel steht, als das Wort Gottes. Sie glauben, daß Gott durch den Mund auserwählter Menschen sich selbst und seinen Willen offenbare und daß die in der Bibel niedergeschriebenen Lehren, Verkündigungen und Berichte göttlichen Ursprungs sind. Deshalb wird die Bibel heilig gehalten und als „Heilige Schrift" bezeichnet.

Für den Gläubigen kann es kein wichtigeres Buch, kein bedeutenderes schriftliches Zeugnis geben als die Bibel, das Wort Gottes. Darum nennt man sie auch das „Buch der Bücher". Aber auch für den, der sie nicht als ein Buch göttlicher Offenbarung betrachtet, ist sie ein großartiges Buch. Sie ist erfüllt von großer Weisheit und Sittlichkeit und von poetischer Schönheit. Und sie gibt Kunde von der versunkenen Welt des Vorderen Orients.

Ist die Bibel ein einziges Buch?

Wir haben uns daran gewöhnt, die Bibel als ein einziges Buch zu betrachten. Sie ist aber eine Sammlung von Büchern; sie besteht aus einer ganzen Anzahl ursprünglich einzelner Schriften, die zu verschiedenen Zeiten und an verschiedenen Orten geschrieben wurden — die erste Schrift

etwa ein Jahrtausend früher als die letzte!
Die wichtigste Einteilung der Bibel ist die Unterscheidung nach Neuem und Altem Testament. Allein das Alte Testament besteht aus 39 Schriften.

Was bedeutet das Wort Testament?

Das Wort Testament hat zwei Bedeutungen: „Vertrag" oder „Übereinkommen" ist die eine, die andere Bedeutung ist „Wille". In der Bibel ist für den Gläubigen niedergelegt, was Gott mit den Menschen vorhat, was er von ihnen fordert — sein Bund mit den Menschen. Gott hat seinen Willen kundgetan, wie der Mensch mit dem verfahren soll, was ihm gegeben ist. Das ist in der Bibel formuliert, und darum wird sie Testament genannt.

Jahrhunderte, bevor Jesus geboren wurde, gab es den Teil der Bibel, den wir heute „Altes Testament" nennen, schon vollständig und als abgeschlossene heilige Schriftensammlung. Als das Christentum sich entwickelte, entstand eine Anzahl neuer heiliger Schriften — die Berichte vom Leben Jesu und von den Aposteln. Da die meisten Juden Jesus nicht als Messias anerkannten, lehnten sie es natürlich ab, die neuen Schriften, das „Neue Testament", in ihre Bibel aufzunehmen. So besteht also für die Juden die Bibel nur aus dem Teil der Bibel, den wir „Altes Testament" nennen. (Die Juden lehnen diese Bezeichnung ab.)

Wenn Christen von „der Bibel" sprechen, meinen sie beides, Altes und Neues Testament. Dies Buch befaßt sich hauptsächlich mit dem Alten Testament. Das Neue Testament soll in einem besonderen WAS IST WAS-Buch behandelt werden.

Noch heute benutzen israelische Schafhirten ein Musikinstrument ähnlich dem, das David in biblischen Zeiten gespielt haben mag.

Links: Nomaden mit ihren Herden in der syrischen Wüste — ein Bild aus unseren Tagen, das sich unverändert seit biblischen Zeiten erhalten hat. Der Esel trägt heute noch die Lasten, und schwarze Ziegen und weiße Schafe bilden den wichtigsten Besitz dieser Menschen.

Ein Wandgemälde, das in einer ägyptischen Grabkammer in Theben entdeckt wurde, zeigt, wie Gold- und Silberringe gewogen wurden. Solche Ringe wurden als Geld verwendet. In der Bibel heißt es, daß Abraham von dem Hethiter Ephron für 400 Lot (oder Schekel) Silber ein Stück Land mit einer Höhle kaufte, wo er Sarah bestattete.

Was enthält das Alte Testament?

Das Alte Testament ist eine Sammlung von Schriften aus der Zeit zwischen 1000 und 200 vor der christlichen Zeitrechnung. Es befaßt sich mit der Herkunft, dem Leben und dem Schicksal des Menschen. In der Darstellungs- und Anschauungsweise der Menschen des Altertums wird darin geschildert, wie die Welt und die Menschen von Gott geschaffen wurden.

Das wichtigste Thema der Bibel ist das Verhältnis Gottes zu den Menschen und das der Menschen zu Gott und zu ihren Mitmenschen. Im Alten Testament nimmt die Geschichte des israelitischen Volkes einen breiten Raum ein. Außerdem werden von Gott gegebene Gesetze, die das Leben der Menschen regeln sollen, ausführlich dargestellt. Die Zehn Gebote vom Berg Sinai gelten noch heute vielen Menschen als Richtschnur ihres Handelns. Aber die Bibel enthält darüber hinaus noch viele Weisungen und Mahnungen und sagt den Menschen, wie sie miteinander leben sollen.

Sie enthält auch wortgewaltige Verse, die Psalmen genannt werden, Lob- und Dankgesänge und auch bewegende Klagelieder. Und die Bibel erzählt großartige Geschichten von bedeutenden Männern und Frauen, von Propheten und Priestern und von beispielhaften Menschen aus dem Volk.

Das Alte Testament wird in drei große Abschnitte eingeteilt. Den ersten Ab-

Die Ruinen der Hethiter-Hauptstadt Hattusa wurden von Archäologen in der Türkei gefunden. Zahlreiche beschriftete Tontafeln, die erst nach jahrzehntelangem Forschen entziffert werden konnten, künden von dem mächtigen Hethiter-Reich. Links: Das Relief, in Stein gehauen, zeigt eine Löwenjagd.

schnitt bilden die Fünf Bücher Mose. Den strenggläubigen Juden gelten nur sie allein als kanonisch, das heißt, als geheiligte Schrift. Sie nennen sie Thora. Im Griechischen heißen sie Pentateuch, was ebenfalls „Fünf Bücher" bedeutet.
Das erste der Fünf Bücher Mose, auch „Genesis" genannt, enthält die Schöpfungsgeschichte, den Bericht über die Erkenntnis des einen, einzigen Gottes durch Abraham und die Volkwerdung Israels in Ägypten.

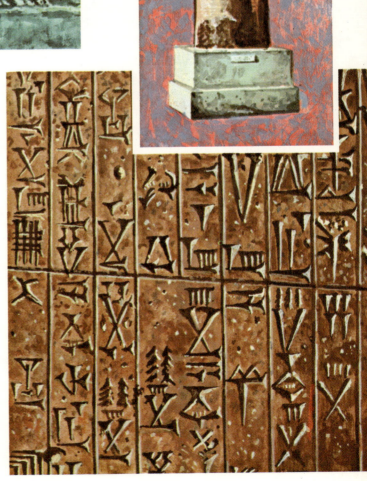

Im 1. Buch der Bibel wird Amraphel, König von Sinear, so beschrieben, daß manche Historiker meinen, mit ihm sei Hammurabi gemeint, der 6. König aus der 1. Dynastie von Babylon, der etwa um 1700 v. Chr. regierte. Hammurabi gehörte zu den größten Herrschern jener Zeit; er wurde vor allem durch die von ihm erlassenen Gesetze berühmt. Die Stele (oben rechts) mit dem Code des Hammurabi wurde im Jahre 1902 in Babylon ausgegraben. Unten rechts ein vergrößerter Ausschnitt der Keilschrift. So schrieb man zu jener Zeit in Babylonien. Fast jedes Zeichen steht für eine Silbe.

Das zweite Buch Mose heißt „Exodus" und schildert – wie das lateinische Wort sagt – den „Auszug" aus Ägypten, die Offenbarung Gottes, die Stiftung der Zehn Gebote und den Bund mit Jahwe.

Im dritten Buch Mose, dem „Leviticus", werden der priesterliche Dienst der Leviten und Gebote und Verbote beschrieben.

Das vierte Buch oder „Numeri" schildert die vierzigjährige Wanderung durch die Wüste; es gibt Anleitungen für die Anbetung Gottes.

Das letzte Buch Mose, das Buch „Deuteronomium", enthält, was dieser griechische Name besagt: die „Wiederholung des Gesetzes". Mose wiederholt und deutet noch einmal in großartigen Worten die Zehn Gebote. Ehe er stirbt, sieht er vom Berg Nebo das verheißene Land.

Der zweite Abschnitt des Alten Testaments enthält die S c h r i f t e n   d e r   P r o p h e t e n, jener heiligen Männer, die dem israelitischen Volk in seinem wechselvollen Schicksal immer wieder erstanden, die mit heiligem Eifer predigten und weissagten und ihr Volk immer wieder ermahnten, die Gebote und den Bund mit Gott zu halten. Dieser zweite Abschnitt enthält 21 einzelne Bücher, die von neunzehn Propheten berichten oder von ihnen geschrieben sind.

Der dritte Abschnitt des Alten Testaments trägt die einfache Überschrift „ S c h r i f t e n". Dazu gehören dreizehn Bücher: „Der Psalter", „Die Sprüche", „Das Buch Hiob", „Die Klagelieder", „Der Prediger Salomo", „Das Buch Esther", „Das Buch Daniel", „Das Buch Esra", „Das Buch Nehemia" und „Die zwei Bücher der Chronik". Diese Schriften spiegeln vielfache menschliche Erfahrung. Die prophetischen Worte, die Spruchweisheiten, die philosophischen Lehren, die in ihnen enthalten sind, wurden weltbekannt; sie sind zum Teil von höchstem philosophischem und literarischem Rang.

Öllampen aus biblischen Zeiten

Wo entstand die Bibel?

Wann und von wem die einzelnen „Bücher" der Bibel geschrieben wurden, darüber gibt es nur recht lückenhafte Überlieferungen. Nach der babylonischen Gefangenschaft, als die Juden – um 530 v. Chr. – nach Palästina zurückkehren durften, sollen die heiligen Schriften in Jerusalem gesammelt worden sein; das stimmt vermutlich nur für die fünf Bücher Mose. Bis zum 2. Jahrhundert v. Chr. haben die jüdischen Schriftgelehrten immer noch an der Zusammenstellung der biblischen Texte gearbeitet.

Auch den genauen Ort, wo jedes einzelne Buch der Bibel geschrieben wurde, kann niemand nennen. Wir wissen aber: die Entstehung der Bibel ist an das Entstehen und das Schicksal des jüdischen Volkes gebunden. Der geografische Ort dieser Volkwerdung, die mit dem Entstehen einer Religion einherging, ist das Land, das vom Unterlauf des Nils her nordostwärts liegt, die Arabische Wüste, die Mittelmeerküste bis hinauf zu den Bergen, von denen Euphrat und Tigris herabfließen, bis zur Mündung dieser beiden Flüsse. Es ist das Land des „Fruchtbaren Halbmonds".

Warum gibt es Religion?

Immer haben Menschen über die tausendfältigen Erscheinungen ihrer Umwelt und deren Ursachen gegrübelt. Zu allen Zeiten und bei allen Völkern haben sie darauf nach Antworten gesucht. Sie kamen zu verschiedenen Antworten. Immer und überall wurde an übermächtige, übermenschliche

Wesen geglaubt, die Sonne und Mond über den Himmel gehen, den Regen aus der Wolke, die Pflanzen aus der Erde kommen ließen. Oder Sonne und Mond, Wind und Meer wurden selbst für göttliche Wesen oder deren Zeichen gehalten. Es mußten übermächtige Wesen sein, die im Verborgenen über Leben und Tod entschieden, über Glück und Unglück für alles was lebt. In vielen Völkern gab es und gibt es Erzählungen vom Anfang der Welt. Diese Mythen sind sehr unterschiedlich; in manchen ist die Welt von allgewaltigen Göttern oder Dämonen geschaffen worden, entweder aus dem Nichts oder indem ein Chaos geordnet wird. In den Schöpfungsmythen, die in grauer Vorzeit entstanden und den Uranfang der Welt beschreiben, wird oft auch den Geschöpfen ihr Platz und ihre Aufgabe in der Weltordnung zugewiesen. In manchen wird auch gesagt, was von dem Weltenschöpfer erlaubt und was verboten ist — sie enthalten also erste Vorstellungen über Gut und Böse, die Anfänge einer Sittenlehre. Religionen sind Deutungsversuche der Welt; sie entspringen der Ahnung des Menschen, daß wir den Sinn unseres Lebens nicht im Materiellen finden, sondern nur in einer geistigen Welt. Mit ihrem religiösen Glauben geben die Menschen dieser Welt einen Sinn und eine Ordnung, nach der sie leben sollen.

Die Bibel leitet diesen Sinn von einem einzigen Gott her, dem Gott der Juden und Christen.

Wie unterscheidet sich religiöses und wissenschaftliches Denken?

Zu irgendeinem Zeitpunkt seines Lebens wundert sich wohl jeder Mensch, warum eine Frucht, die sich vom Zweig eines Baumes löst, immer nach unten fällt und niemals nach oben. Naturwissenschaftler erklären uns, daß alle Stoffe nach dem Gesetz der Schwere oder Gravitation immer zur Erde hin- anstatt von ihr fortfallen. Das Gesetz der Gravitation besagt, daß Materie, die sich in gewisser Entfernung von der Erde befindet, von ihr angezogen wird. Naturwissenschaftler können uns sagen, mit welcher Geschwindigkeit ein Gegenstand fallen wird, welches von mehreren Objekten schneller fallen wird und in welche Richtung. Aber die Wissenschaft kann nicht erklären, w a r u m dies geschieht, nur w i e es geschieht.

Der religiös Denkende fragt nicht, w i e fällt der Gegenstand; er fragt, w a r u m fällt er? W a r u m übt die Erde eine Anziehungskraft aus? Die Antwort: „Wegen des Gravitationsgesetzes" würde ihn nicht befriedigen. Er wird fortfahren zu fragen: Wer hat aber das Gravitationsgesetz gemacht? Für ihn ist Gott die Ursache aller Naturgesetze. Das religiöse und philosophische Denken fragt nach dem „Warum", nach dem „Woher" und „Wohin" und nach dem Sinn des Lebens und dem Sinnzusammenhang alles Seienden. Warum wurde der Mensch in diese Welt gesetzt? Wo war ich, bevor ich war, und wo werde ich nach meinem Tode sein? Warum gibt es sowohl gute wie böse Menschen? Warum ist es besser, Nächstenliebe zu üben und den Mitmenschen freundlich anstatt bösartig zu begegnen? Kurz gesagt, die Religion versucht Antwort zu geben auf das, was man die „Rätsel des Universums" genannt hat.

Wie wirkte die Bibel auf die Kunst?

Die Bibel hat im Laufe der Jahrhunderte viele Künstler zu großartigen Werken angeregt. In der ihnen gemäßen Kunstform haben sie Gedanken und Empfindungen ausgedrückt, die

Ein farbiges Glasfenster zeigt Adam und Eva im Paradies.

Michelangelos Moses-Statue

die biblischen Texte in ihnen hervorriefen. Maler, Bildhauer, Dichter und Musiker haben immer aufs neue ihre Themen der Bibel entnommen. Gestalten und Ereignisse aus den biblischen Geschichten haben den Malern als Vorwurf zu zahllosen berühmt gewordenen Gemälden gedient. Dichter haben die Geschehnisse, die in der Bibel dargestellt sind, auf ihre Weise besungen. Baumeister haben herrliche Dome entworfen und sie mit den Männern der mittelalterlichen Bauhütten, oft in lebenslanger Arbeit mehrerer Generationen, mit erstaunlichem technischen Können errichtet; so fand das Wort der Bibel den schönsten Ort zu seiner Verkündigung.

Große Musiker haben unvergängliche Tonwerke geschaffen, die nicht nur an christlichen oder jüdischen Feiertagen erklingen, sondern von Musikfreunden der ganzen Welt geliebt werden. Der Anteil der deutschen Komponisten ist besonders groß: Bach, Händel, Mozart, Beethoven — sie alle und viele andere haben große Werke geistlicher Musik geschaffen.

Ein Buchstabe als Kunstwerk

Ausschnitt aus einem Gemälde von Piero della Francesca, betitelt: „Die Königin von Saba". (In der Bibel steht für Saba Seba oder Scheba.)

Kopf eines Engels. Ein berühmtes Mosaik aus dem Petersdom in Rom.

Manche wohlbekannten folk songs unserer Tage beruhen ebenfalls auf Erzählungen der Bibel: die „Spirituals" der amerikanischen Neger.
Eines der bekanntesten Meisterwerke der Kunst ist die Skulptur des Moses, geschaffen von Michelangelo, dem genialen Bildhauer und Maler der italienischen Renaissance. Es ist jetzt in einer der vielen schönen Kirchen Roms aufgestellt, und jährlich kommen Tausende und bewundern das große Werk.
Eine interessante Einzelheit ist noch von dieser Mose-Figur zu vermerken.

Mose hat vorn am Kopf zwei Hörner. Natürlich hatte der biblische Mose keine Hörner am Kopf. Aber als die Bibel vom Hebräischen ins Lateinische übersetzt wurde, machte der Übersetzer einen Fehler: Im Hebräischen heißt es, daß von Moses Gesicht helle Strahlen ausgingen, weil er ein heiliger Mann war. Das Wort „Strahlen" wurde fälschlich als „Hörner" ins Lateinische übersetzt. Weil Michelangelo die Bibel nur in lateinischer Übersetzung kannte, setzte er seinem Mose Hörner auf die Stirn!

Das Alte Testament als Geschichtsbuch

Wir wissen, das Alte Testament stellt zum großen Teil die geschichtliche Vergangenheit des jüdischen Volkes dar. Die ganze Bibel ist besser zu verstehen, wenn man die zeitgeschichtliche Situation begreift, in der die berichteten Ereignisse vor sich gehen. Auch über die Völker und Reiche, mit denen das Volk Israel in Beziehung stand, sollte man sich informieren.

Dies WAS IST WAS-Buch kann kein großes Geschichtsbuch ersetzen. Wir wollen uns im folgenden nur kurz mit einigen wichtigen Abschnitten der jüdischen Geschichte befassen, wie sie teils aus der Bibel, teils als Ergebnisse wissenschaftlicher Forschung bekannt sind.

Auf der arabischen Halbinsel lebten im

| **Woher stammt das jüdische Volk?** |

vierten Jahrtausend v. Chr. Volksstämme, die man später nach biblischem Text als „Semiten" bezeichnete, also als Nachkommen von Sem, dem Sohn Noahs. (Die Ägypter nannten sie „Sandbewohner".) Jeder Stamm hatte seinen Führer, und jeder Stamm verehrte neben manchen anderen Göttern vor allem einen, der sein besonderer Stammesgott war. Manche der Stämme begannen im dritten Jahrtausend v. Chr. in fruchtbarere Gegenden zu wandern. Auch der Stamm der H e b r ä e r verließ die arabische Wüste und zog nach Mesopotamien und in neue Gebiete des „fruchtbaren Halbmonds". Viele Jahrhunderte lebten die Hebräer als Nomaden in Zelten, rasteten an Wasserplätzen und trieben ihre Herden dann weiter zum nächsten Brunnen. Diesem Hebräerstamm entsprossen die Vorväter und Angehörigen des israelitischen Volkes, deren

Namen wir im Alten Testament finden. Die „Erzväter" oder Patriarchen Israels waren zu ihrer Zeit das Oberhaupt des hebräischen Stammes oder einer ihrer Sippen.

Alle die verschiedenen Völker und

| **Was unterschied Israel von anderen Semitenstämmen?** |

Stämme des Vorderen Orients, mit denen die umherziehenden Vorfahren der Juden in Berührung kamen, ehrten viele Götter und Göttinnen und trieben Bilderkult in mancherlei Form. Der Gott Jahwe war vielen Semitenstämmen bekannt und wurde — als ein Gott unter anderen — ebenfalls von ihnen verehrt. Es war Abraham, der ihn als erster als „Höchsten" anerkannte. Abraham gilt als der eigentliche Stammvater Israels, als der Begründer des religiösen Judentums. Er war das Oberhaupt einer hebräischen Sippe und hat um 1900 v. Chr. gelebt. Seine überragende Bedeutung beruht darauf, daß er als erster den Glauben an den einen, unsichtbaren Gott lehrte. Abraham ist der erste Mensch, der einen monotheistischen Glauben vertrat, wenn auch sein Gott noch alle Züge eines Stammesgottes besaß.

Übrigens wird Abraham nicht nur von den Juden, sondern auch von verwandten arabischen Völkern als Stammvater betrachtet. Mohammed, der Gründer des Islam, bezeichnete sich als den Wiederhersteller der „reinen Religion Abrahams".

Es war Jahwe, der zu Abraham gesprochen hatte: „Geh weg aus deinem Lande, von deinem Clan und deiner Sippe, in das Land, das ich dir gewißlich zeigen werde ..." An diesen Gott, der ihn inspiriert und führt und ihn für seinen Gehorsam belohnt, fühlt sich Abraham

14

von nun an gebunden. Er schließt einen Bund mit ihm: Jahwe will Abrahams Geschlecht groß machen, und Abraham will Jahwe verkünden, auch im fremden Land. Er machte Altäre und opferte und „predigte allda den Namen des Herrn". Als Zeichen des Bundes werden alle männlichen Nachkommen an der Vorhaut beschnitten — eine Sitte, die auch andere Völker pflegen, welche sich als Nachkommen Abrahams betrachten. (Durch den Islam wurde die Sitte der Beschneidung weit verbreitet.)

Mit Abraham beginnt der Glaube des Judentums, Gottes „auserwähltes Volk" zu sein. In den Jahrhunderten nach Abraham ging dieser Glaube fast wieder verloren; erst durch Mose wurde er dann dramatisch erneuert.

Es war gar nicht immer leicht für Abrahams Nachkommen, inmitten der farbigen, bilderreichen Götterkulte und der sinnenfreudigen religiösen Feste ihrer Umwelt dem strengen, unsichtbaren Jahwe treu zu bleiben. Die größte Gefahr bestand in der Vermischung mit den andersgläubigen Mitbewohnern des Landes. Als Abraham seinem Sohn Isaak eine Frau geben wollte, schickte er darum seinen Knecht Elieser in das heimatliche Haran. Von dort brachte Elieser Rebekka mit, eine Nichte Abrahams. Sie wurde die Mutter von Esau und Jakob.

Woher stammt der Name Israel?

Auch Jakob wurde später von seinen Eltern nach Haran geschickt. Zwei Jahrzehnte diente er dort seinem Onkel Laban, bevor er mit seinen Frauen Lea und Rahel, mit Söhnen, Knechten und Mägden und großen Herden nach Kanaan zurückkehrte.

Abraham, Isaak und Jakob — man nennt sie oft in einem Atemzug — sind die Stammväter des Judentums. Die Geschichte dieser Familie wird ausführlich und dramatisch erzählt.

Nach der Bibel wurde der Name I s r a e l dem Jakob von einem Engel verliehen. Er hatte eine Nacht lang mit dem Engel gerungen, bis dieser am Morgen zu ihm sagte: „Du sollst nicht mehr Jakob heißen, sondern Israel; denn du hast mit Gott und mit Menschen gekämpft und bist obgelegen." (Israel heißt „Gottesstreiter".)

Jakob hatte zwölf Söhne. Die „Stämme Israel", von denen uns biblische und auch historische Kunde gegeben wird, entsprechen den Namen dieser Söhne. Es werden aber auch andere Volksgruppen genannt, die aus Abrahams Familie entstanden sind. Nach Sarahs Tod hatte Abraham noch eine Frau namens Ketura und von ihr sechs Kinder, darunter einen Sohn Midian; die Midianiter, im Alten Testament oft Keniter genannt, lebten am Golf von Akaba. Auf Abrahams Neffen Lot werden die Moabiter und die Ammoniter zurückgeführt. Die Nachkommen von Jakobs Zwillingsbruder Esau waren die Edomiter, die ein Königreich bildeten. Die Bibel nennt also die Nachkommen Abrahams seit Jakob „Israeliten". Nach geschichtlichen Zeugnissen aus Ägypten werden sie dort aber noch lange Zeit später nach dem Volksstamm, zu dem sie ursprünglich gehörten, als Hebräer bezeichnet. Aus dem Jahre 1299 v. Chr. soll eine Inschrift auf einem Gedenkstein aus Theben stammen, in der zum erstenmal das „Volk Israel" genannt wird.

Wie kamen die Israeliten nach Ägypten?

Die Geschichte von Jakobs zweitjüngstem Sohn Joseph, der von seinen Brüdern nach Ägypten verkauft und dort Vizekönig wird, ist wohl die schönste und bewegendste Erzählung des Alten Testaments. Es heißt, Joseph habe in der großen Hungersnot

15

seine ganze Familie nach Ägypten kommen lassen und ihnen dort Land gegeben.

Ganz sicher ist es öfter vorgekommen, daß in Zeiten der Dürre Nomadenstämme aus den östlich von Ägypten gelegenen Steppen in das fruchtbare Nilland zogen, um dem Hungertod zu entgehen. Die Bibel berichtet es schon von Abraham. Daß die Ägypter einen fremdländischen Stamm aber freiwillig aufgenommen und ihm Land zugewiesen haben, entsprach gewiß nicht ihren Gepflogenheiten. Es ist jedoch erwiesen, daß lange Zeit in der Landschaft Gosen, im fruchtbaren Nildelta, Hebräer lebten. Sie haben sich aber wohl einige Jahrhunderte später dort angesiedelt, als nach dem Wortlaut der Bibel anzunehmen wäre. Historiker vermuten, daß diese Stämme im 18. oder 17. Jahrhundert v. Chr., als in Vorderasien

Babylonische Göttin der Fruchtbarkeit

Statuette des phönizischen Gottes Baal

viele Völker in Bewegung waren, nach Ägypten zogen.

Zu dieser Zeit hatten die Hyksos Ägypten erobert. Hyksos heißt „Hirtenkönige" oder „Herren fremder Länder". Man hat lange Zeit angenommen, daß

es sich um ein semitisches Volk gehandelt hat, das da plötzlich mit nie gesehenen schnellen Kampfwagen auftauchte und 140 Jahre lang über ein Riesenreich herrschte, bevor es wieder geheimnisvoll im Dunkel der Geschichte verschwand. Es waren keine Semiten. Aber es kann durchaus sein, daß sich die Israeliten mit diesen Eroberern recht gut vertrugen. Das nahmen ihnen die Ägypter übel, und als dann Amosis endlich die fremden Eindringlinge verjagt hatte, war es für Jakobs Nachkommen vorbei mit dem angenehmen Le-

Kanaanitische Gottheit

Das ägyptische Relief zeigt die Anbetung der Sonne.

ben. „Die Zeit aber, die die Kinder Israel in Ägypten gewohnt haben, ist 430 Jahre" (2. Mos. 12,40). Einige Wissenschaftler nehmen an, daß der Auszug unter Moses Führung zur Regierungszeit des Pharaos Ramses II. (1301—1234) erfolgte, und zwar etwa um 1290 v. Chr. Demnach wären die Israeliten um 1720 v. Chr. nach Ägypten eingewandert, also zur Zeit der Eroberung durch die Hyksos. Andere Forscher datieren den Exodus auf die Zeit um 1225 v. Chr., unter Ramses' Nachfolger Merenptah. Bis 1580, als Avaris, die Hauptstadt der Hyksos, fiel und die

Der Berg Horeb in der Wüste Sinai, wo Mose die Offenbarung geschah.

Ramses II., der ägyptische Pharao, opfert den Göttern.

Horus, der göttliche Falke, beschützt Ramses II.

Alle auf Seite 16 und Seite 17 abgebildeten Idole wurden in Ländern der Bibel ausgegraben.

Ägypter wieder Herren im eigenen Land wurden, ist es den Israeliten in dem fruchtbaren Nildelta wohl so gut gegangen wie nie zuvor, so daß sie sich stark vermehrten. Vielleicht begann für sie dann schon der Frondienst, vielleicht aber auch erst unter dem bauwütigen Ramses II. Immerhin wurde auch ein großer Teil der ärmeren Ägypter zum Bauen gezwungen.

In den harten vierzig Jahren der Wüstenwanderung jammerten die Israeliten Mose oft die Ohren voll von den „Fleischtöpfen Ägyptens". Sie sind vielleicht gar nicht so sehr aus materiellen Gründen Mose gefolgt, sondern weil die Ägypter — aus Furcht vor der Fruchtbarkeit dieser Fremdlinge — zu jener barbarischen Maßnahme griffen, von der die Bibel berichtet: die neugeborenen Knaben Israels zu töten.

Die besondere Bedeutung Moses

Mose aus dem Stamme Levi, der Israelit mit dem ägyptischen Namen, der am Hof des Pharaos aufwuchs, muß fliehen, weil er Partei ergriffen hat für sein versklavtes Volk, von dem

17

er bis dahin wenig wußte. Mose flieht ins Land Midian, zu seinen Stammesverwandten. Dort findet er seine Frau Zippora. Aber vor allem findet er dort J a h w e , den Gott, den die Midianiter verehren. Im brennenden Dornbusch gibt sich Jahwe ihm zu erkennen als der Gott Abrahams, Isaaks und Jakobs und beruft Mose als sein göttliches Werkzeug.

Sehr widerstrebend hat Mose dem göttlichen Gebot nachgegeben, das ihm auferlegt wurde. Aber in der Folgezeit entwickelte er sich zum größten religiösen und politischen Führer und Gesetzgeber Israels.

In früheren Zeiten war ein staatliches Gemeinwesen nur aufzubauen auf der Grundlage einer gemeinsamen Religion. (Die Trennung von Staat und Religion ist erst seit wenigen Jahrhunderten denkbar.) Vertrauen und Gehorsam, deren ein Volksführer für sich und die von ihm erlassenen Gesetze bedurfte, entstanden aus dem Glauben, daß seine Worte mehr waren als menschliche Worte, daß seine Gebote einem göttlichen Willen entsprangen. (Bei vielen frühen Völkern wurde der König selbst als Gott verehrt.)

Erst unter Mose wuchsen die Hebräer zu einer Glaubens- und Schicksalsgemeinschaft zusammen, die zur Staatsbildung fähig war. Geschichtswissenschaftler behaupten allerdings, es sei Josua gewesen, der die eigentliche politische Einheit der Stämme herstellte. Und doch bestätigen sie Kap. 24 im Buch Josua, wenn sie berichten: Im 12. Jahrhundert v. Chr. schloß ein Nomadenscheich namens Josua in Sichem eine Anzahl von Stämmen zu einem „Bund Israel" zusammen, der sich unter Jahwes Schutz stellte und dafür nur noch ihn, den bilderlosen Gott, verehren wollte. Auch in der Bibel spielt Josua eine große Rolle. Er ist Moses Nachfolger, der als einziger von allen „Alten" in Kanaan einziehen darf und die Eroberung und Verteilung des Landes leitet.

Moses große Wirkung wird dadurch nicht geschmälert. (Siehe auch Seite 33–34.)

Das gelobte Land

Die Kinder Israel — schätzungsweise 6000 Menschen — zogen gen Kanaan, und Mose hatte seine liebe Not mit ihnen. Der Marsch mit Frauen und Kindern, mit Ziegen, Schafen und schwer bepackten Eseln, war voller Entbehrungen und Strapazen, und immer wieder gab es Rückfälle in alten Aberglauben. Aber es gelang Mose, den Glauben an den Bund mit Jahwe zu festigen.

Er hatte gewiß nicht vorgehabt, vierzig Jahre zu warten, bevor er mit seinem Volk in das gelobte Land einzog. Keine zwei Jahre waren vergangen, da waren sie an dessen Grenzen gekommen, und Mose schickte Kundschafter aus. Sie kamen nach vierzig Tagen zurück und brachten herrliche Früchte mit, aber auch die Kunde, daß das Land von starken Völkern bewohnt, durch unüberwindliche steinerne Festungen und modernste Waffen geschützt war. „Da fuhr die Gemeinde auf und schrie", heißt es (4. Mos. 14,1), und sie wollten nach Ägypten zurück. Zur Strafe für ihren Unglauben soll Gott sie für vierzig Jahre in die Wüste zurückgeschickt haben. Tatsächlich wird Mose eingesehen haben, daß sein Volk zu den

Kämpfen, die ihnen bevorstünden, durchaus unfähig war, und er beschloß abzuwarten, bis eine härtere Generation herangewachsen war. So blieben sie noch 38 Jahre in den Steppen, die notdürftig hergaben, was Mensch und Vieh zum Leben brauchten.

Als es dann soweit war, starb Mose — auf dem Berg Nebo, angesichts des gelobten Landes. Das war ein schwerer Schlag für ein Volk, das ihm sein Schicksal anvertraut hatte. Aber an ein Zurück dachte nun niemand mehr.

Die Israeliten wählten Josua, überschritten unter seiner Führung den Jordan und errangen ihren ersten Sieg über die stark befestigte Stadt Jericho. Es dauerte Jahre, bis sie es wagten, vom wenig besiedelten Bergland hinabzustoßen und gegen Truppen anzutreten, die mit den schnellen Streitwagen ausgerüstet waren. Doch nach harten Kämpfen eroberten sie ganz Kanaan, mit Ausnahme der mächtigen phönizischen Küstenstädte.

Politisch war die Zeit für die israelitische Eroberung sehr günstig: Ägypten, dem Kanaan jahrhundertelang tributpflichtig gewesen war, war in dieser Zeit machtlos, und Kanaan bestand aus vielen Stadtfürstentümern, die wenig zusammenhielten. Das alte Nomadenvolk der Israeliten begann seßhaft zu werden. Nach Stämmen aufgeteilt, wohnten sie in eroberten Städten oder errichteten rasch neue, dünnwandige Häuser. Wie das moderne Israel, so haben auch seine Vorväter schon landwirtschaftliche Pionierarbeit geleistet. Einige der mit Kalkstein verputzten Zisternen, die sie vor drei Jahrtausenden als Sammelbecken für Regenwasser bauten, werden heute noch benutzt! Nach Josuas Tod verloren die Stämme Israel bald den Zusammenhalt. Jeder Stamm wählte sich nun seinen eigenen Führer, der auch im Volk Recht sprach und darum „Richter" genannt wurde. Sie waren aber auch die Anführer in den fortdauernden Kämpfen mit den teils verwandten, teils fremden Völkern des Landes. Jahrelang werden die Israeliten in Schrecken versetzt durch Einfälle midianitischer Nomaden, die auf Kamelen ins Land stürmen. Gezähmte Kamele gab es bis dahin nicht. Erst seit dem 11. Jahrhundert v. Chr. werden sie auf Schrifttafeln erwähnt. Die größte Gefahr droht den bäuerlichen Eroberern ein Jahrhundert später von den Philistern, die sich mit ihren Eisenwaffen als unheimliche Vernichtungswelle, teils zu Wasser, teils zu Land, an der Mittelmeerküste entlang auf Ägypten zubewegten. Ihr Angriff wurde von Ramses III. abgeschlagen. Aber im Süden Kanaans setzen sie sich fest und bilden aus Askalon, Asdod, Ekron, Gath und Gaza einen Städtebund.

Das Königreich Israel

Die Angriffe der mächtigen Philister ließen die Stämme Israel zur Einheit zurückfinden. Verlockt von dem nie gekannten städtischen Leben der Kanaaniter und von der phönizischen Kultur, die das ganze Land durchdrang, hatten die meisten ihren Bund mit Jahwe vergessen. Viele hatten sich mit der einheimischen Bevölkerung vermischt und beteiligten sich auch an deren Götterkult. Nun, da ihnen allen die Versklavung droht, besinnen sie sich und hören auf den weisen und frommen Samuel.

Fries der Stiere. Zu Moses Zeiten galt der Stier in Ägypten und in Babylonien als ein göttliches Symbol.

Aber sie brauchen einen König, der ihre politische Einheit repräsentiert und der sie militärisch führen kann. Sie wählen den starken Saul aus dem Stamm der Benjaminiten.

Nach anfänglichen, großen Erfolgen verliert Saul schließlich eine entscheidende Schlacht gegen die Philister und tötet sich selbst. Die Philister besetzen das Land und zwingen Israel zur Tributleistung.

David und Salomo

Das „Goldene Zeitalter", den höchsten Glanz, erlebte das Volk Israel im 10. Jahrhundert vor Chr. unter seinen beiden großen Königen David und Salomo. David muß ein strahlend schöner und begabter junger Mann gewesen sein. Er gefiel dem Volk so sehr, daß König Saul ihn, seinen Schwiegersohn, in rasender Eifersucht in die Wüste verbannte. Nach Sauls Tod salbte der Priester Samuel David zum König; aber sieben Jahre lang wurden die meisten der Stämme noch von Sauls Sohn Isboseth regiert, und nur sein eigener Stamm Juda unterstellte sich David. Durch Davids kriegerische Erfolge wurde der Stamm Juda so mächtig, daß andere Völker bald alle Israeliten „Juden" nannten. Nach Isboseths Tod wählten auch die übrigen Stämme David zum König.

David eroberte Jerusalem. Auf der Burg Zion, die die einzige nie versiegende Wasserquelle der Stadt beherrschte, erbaute er seinen Palast aus Zedernholz und nannte die Feste „Davidsburg". Jerusalem machte er zum politischen und religiösen Mittelpunkt des Reiches. Priesterschaft, Heer und Verwaltung wurden von ihm neu organisiert. Zum erstenmal entstand eine wirklich gemeinsame Regierung und Verwaltung für alle Stämme Israels.

David war ein ungewöhnlicher Mensch, ein feinsinniger Musiker und Dichter, aber auch ein Herrscher und Organisator und ein harter Krieger. Er schlug die Philister endgültig, bis diese nicht mehr an Widerstand dachten und allmählich sogar die Sprache und Religion der Israeliten annahmen.

Davids Sohn und Nachfolger Salomo — er regierte von 965 bis 926 v. Chr. — war kein so großer Kriegsheld wie sein Vater, aber ein kluger Staatsmann. Er unterhielt diplomatische Beziehungen zu vielen fernen Ländern und baute den Handel aus. Unter ihm herrschte Frieden; das Land gedieh und wurde reich. Aber Salomo verbrauchte einen großen Teil des neuen Reichtums für seine ehrgeizigen Pläne. Der neue Tempel, den er in Jerusalem bauen ließ, sollte alle bisherigen Bauten an Pracht übertreffen! An seinem Hof herrschte großer Luxus, und die Bevölkerung murrte über die hohen Steuerlasten.

Auch die Priesterschaft war unzufrieden mit Salomo: Da er viele Frauen aus fremden Völkern genommen hatte — was aus diplomatischen Gründen unter Herrschern üblich war —, verehrte er nicht nur Jahwe, sondern nahm auch an verschiedenen heidnischen Kulthandlungen teil.

Das geteilte Reich

Schon zu Lebzeiten des Königs Salomo gab es starke Spannungen zwischen den nördlichen und südlichen Stämmen des Reiches. Als Salomo starb, fühlte sich nur der Stamm Juda dem unbedeutenden Sohn Salomos zur Treue verpflichtet. Zehn Stämme revoltierten gegen die Vorherrschaft des Stammes Juda, und so teilte sich das Reich in Israel und Juda. Damit verlor es bald seine politische Macht.

Zwischen den mächtigen Reichen

Moses kommt mit den zehn Geboten vom Berg Sinai herab. Nach einer Zeichnung des berühmten französischen Bibel-Illustrators Paul Gustave Doré.

Ägypten und Assyrien gelegen, hätte schon ein geeintes Israel es schwer gehabt, sich zu behaupten, wenn nur eine dieser Großmächte es angegriffen hätte. Ein zerstrittenes, sich befehdendes Israel war ihnen ausgeliefert.

Das größere nördliche Reich Israel bestand mit wechselndem Geschick noch 200 Jahre unter vielen, rasch wechselnden Königen; im Jahre 722 v. Chr. wurde es so vollständig von den Assyrern vernichtet, daß sich die Angehörigen der zehn Stämme in der Wüste oder in den großen Städten des Ostens verloren. Das kleine Königreich Juda bestand noch 135 Jahre länger, mußte aber den Assyrern Tribut zahlen.

Die Zeit der Propheten

In diesen Zeiten des Niedergangs und der Fremdherrschaft im eigenen Land wurden viele der Nachkommen Abrahams, Isaaks und Jakobs dem Gott ihrer Väter und den Lehren Moses untreu. Es waren die Propheten, die sie an ihre religiösen Pflichten erinnerten. Diese „Sprachrohre Gottes" — Nahum, Elia, Amos, Hosea, Jesaja, Hiskia, Jeremia — waren unbequeme Mahner. Einige waren sehr gebildete, andere waren einfache Männer. Ob mit gewaltiger Sprachkraft oder mit einfachen Worten, ob sanftmütig oder drohend, alle versuchten sie, das Volk zu seinem wahren Gott zurückzuführen.

Darüber hinaus vertieften sie die überlieferten religiösen Lehren und die moralischen Vorstellungen von einem rechten Leben. Ihre Auffassungen von Gerechtigkeit und Nächstenliebe gingen weit über das hinaus, was andere Völker jener Zeit dachten. Sie äußerten Gedanken, die man als erste Forderungen nach sozialer Gerechtigkeit bezeichnen könnte. Und einige Propheten erklärten den Gott Israels zum Gott der ganzen Menschheit.

Doch das Geschick ihres Volkes konnten die Propheten nicht wenden. Als die Assyrer von den Babyloniern besiegt wurden, verschlechterte sich die Lage der Juden noch mehr.

Im Jahre 597 v. Chr. eroberte Nebukadnezar Jerusalem und nahm den König und dessen Angehörige als Gefangene mit nach Babylon. Als die Bevölkerung dann nach einem Jahrzehnt immer noch — trotz der Warnung des Propheten Jeremia — gegen ihre Unterdrücker meuterte, erschienen Nebukadnezars Truppen abermals. Stadt um Stadt wurde zerstört, diesmal auch Jerusalem mit seinem wunderbaren Tempel. Das Reich Juda wurde völlig vernichtet. Wer nicht in die Wüste floh, wurde als Gefangener nach Babylon geschleppt.

Ausgrabungen im ehemaligen Reich Juda, mit denen 1926 begonnen wurde, haben bestätigt, daß die in der Bibel genannten Städte zu Beginn des 6. Jahrhunderts v. Chr. zerstört worden sind.

„Denn siehe, spricht der Herr ... ich

Was bewirkte die babylonische Gefangenschaft?

will die Städte Judas verwüsten, daß niemand mehr da wohnen soll." (Jer. 34,22.) Das von den Propheten angekündigte Strafgericht Gottes

hatte sich erfüllt. 650 Jahre nachdem Moses Volk das Gelobte Land betreten hatte, war es dort wieder verschwunden.

Aber es war nicht ganz ausgelöscht. Die Bewohner des Zehnstämme-Reiches sind zwar als Volk nie wieder aufgetaucht, aber die Judäer (der starke Stamm Juda und der kleine Stamm Benjamin) fanden in Babylon zum alten Glauben zurück und entwickelten ein starkes Zusammengehörigkeitsgefühl. Äußerlich ging es den meisten in Babylon nicht schlecht. Von Fronarbeit ist kaum etwas bekannt. Nebukadnezar genügte es, den Juden ihre politische Selbständigkeit genommen zu haben; im übrigen ließ man sie ungeschoren. Manche brachten es in der geschäftigen Weltstadt zu großem Wohlstand. Mit seinen Prachtbauten, mit Hunderten von Tempeln und Altären war Babylon zu jener Zeit die glänzendste Stadt der Welt, aber auch wohl die lasterhafteste. Die ausschweifenden Götzenkulte, die sündhaften Zustände haben die Juden so mit Abscheu erfüllt, daß die Stadt im Gedächtnis des Volkes noch nach Jahrhunderten „die Mutter aller Greuel auf Erden" war. Damals trug es dazu bei, daß die Juden sich auf ihre eigene Tradition besannen. In den Propheten Hesekiel (auch Ezechiel genannt) und Daniel besaßen sie zwei große geistige Führer.

Aus babylonischer Zeit stammt der Brauch, Synagogen als Gebetshäuser der gläubigen Juden zu bauen. In Babylon entstand die Idee, daß man überall dort Gottesdienst abhalten kann, wo eine Glaubensgemeinde versammelt ist — und die noch wichtigere Idee, daß Gott auch in der Fremde und ohne Tempel anwesend, also weder an ein bestimmtes Land noch an ein bestimmtes Volk gebunden ist. Religionsgeschichtlich war dies ein wesentlicher Fortschritt.

n den fünf Jahrzehnten der babylonischen Gefangenschaft entstand aber auch das Bedürfnis, die Überlieferungen aus der Geschichte Israels zu sammeln und aufzuschreiben.

Im Jahre 538 v. Chr. erobern die Perser Babylonien, und Kyros der Große erlaubt den Juden, in ihr Land zurückzukehren. Nur ein Bruchteil findet sich bereit. Aber es sind doch 50 000 Menschen, die sich auf den 1300 Kilometer langen Marsch begeben. Sie finden Jerusalem als eine von Unkraut überwucherte, trostlose Stätte, und sie klagen bitterlich. Oft dem Verhungern nahe, brauchen sie vierzig Jahre für den notdürftigsten Wiederaufbau.

Die Rückkehr war eine Enttäuschung.

Esra und Nehemia

Der anfängliche Idealismus schwindet. Anstatt des schönen, starken Gemeinschaftslebens im eigenen Staat, von dem man so lange geträumt hat, führen die Juden ein Leben voller Arbeit und Entbehrung, von fremden Volksstämmen umgeben, die sich während ihrer Abwesenheit angesiedelt haben. Bald vermischen sich viele Juden mit Andersgläubigen und opfern außer Jahwe auch noch deren Göttern.

Es war schließlich die persische Regierung, die dem von ihr abhängigen schwächlichen Gemeinwesen aufhalf. Die Perser waren interessiert an einem vertrauenswürdigen Pufferstaat, der ihnen notfalls gegen ihre rebellische ägyptische Provinz beistehen würde. Darum wurde der jüdische Priester E s r a, der Schreiber am Hofe des Königs Artaxerxes I. war, mit großem Gefolge und vielen Geschenken nach Jerusalem gesandt; mit neuen, besseren Gesetzen sollte er den jüdischen Staat festigen.

Esra war entsetzt über den religiösen Verfall seines Volkes. Er verbot Misch-

ehen und verlangte Scheidung der schon bestehenden. Da gab es viel Klagen und Jammern, und die Beschwerden gingen bis an den persischen Hof. Vermutlich wurde Esra zurückgerufen und kehrte erst Jahre später zurück, als N e h e m i a Statthalter in Jerusalem war.

Nehemia war Mundschenk des Perserkönigs gewesen und hatte im Jahre 444 v. Chr. die Erlaubnis erwirkt, seinem Volk zu helfen. Als erstes ließ er die Stadtmauer um Jerusalem wieder errichten. Das gefiel allen, denn die Stadt hatte unter Beduineneinfällen zu leiden. Dann verfügte Nehemia, daß Zinsen abgeschafft und Schulden erlassen wurden. Damit gewann er das Volk für sich. Dann erst begann er mit religiösen Reformen, erneuerte die Priesterschaft und verbot, künftig Mischehen zu schließen, eine Entscheidung, die weittragende Folgen hatte.

Für Esra war nun die Vorbedingung geschaffen, seine religiösen Erneuerungspläne zu verwirklichen. Es heißt, Esra sei im Besitz der kostbaren, fünfhundert Jahre alten heiligen Schriften gewesen, die man in Salomos Tempel aufbewahrt und bei der Zerstörung gerettet hätte. Nun versammelte er alle Gelehrten um sich, die die Geschichte, die Gesetze und die Religion der Juden kannten. Mit diesen „Schriftgelehrten" sammelte und erläuterte er alle überlieferten Texte. Es entstanden die fünf Bücher Mose — die Thora, das wichtigste Buch des Judentums, weil es die Gesetze enthält, die Jahwe am Sinai für sein auserwähltes Volk verkündete.

Politisch blieben die Juden weitgehend

Die letzten Jahrhunderte vor der Zerstreuung

abhängig. Als Alexander der Große 330 v. Chr. den ganzen Vorderen Orient unterwarf, bekamen sie zum erstenmal Kontakte mit Euro-

23

Um 1525 schuf Hans Holbein der Jüngere Holzschnitte zum Alten Testament, die zu den schönsten Bibel-Illustrationen der Welt zählen. Eines der Holzschnitte zeigt, wie Mose von Gott das Gebot für das Einbringen der Ernte entgegennimmt, worin auch gefordert wird, den Armen und Fremden etwas zum Aufsammeln übrig zu lassen. Interessanterweise hat Holbein als Hintergrund seiner Zeichnung eine typisch deutsche Landschaft gewählt. Zu seiner Zeit nahmen sich die Maler die Freiheit, die biblischen Gestalten nach dem Zeitgeschmack gekleidet in der heimatlichen Umgebung des Künstlers darzustellen.

päern. Später gerieten sie in die Auseinandersetzungen zwischen Rom und Griechenland. Im Jahre 161 v. Chr. wurde durch Judas Makkabäus die politische Selbständigkeit Judäas erkämpft, die ein ganzes Jahrhundert dauerte. Aber dann wurde das Reich der Juden römische Provinz.

Die politischen und religiösen Unruhen hörten nicht auf. Selbst als deswegen 70 n. Chr. Jerusalem zerstört und die meisten jüdischen Bewohner deportiert worden waren, gab es 132 n. Chr. unter Bar Kochba nochmals einen Aufstand. Jerusalem wurde nun vollkommen dem Erdboden gleichgemacht und alle Juden aus dem Land vertrieben. Sie zerstreuten sich in alle Welt.

Weil aber die meisten an ihrer Religion festhielten und in den fremden Städten kleine Gemeinden mit einem gewissen Eigenleben bildeten, darum haben die Juden trotz zweitausendjähriger Zerstreuung und Verfolgung als Volk überlebt.

Von den Lebensgewohnheiten der Israeliten

Ungezählte Bibelstellen sprechen — oft gleichnishaft — von Dingen oder Ereignissen aus der Umwelt der biblischen Menschen, von Kleidungsstücken etwa oder von Hausrat; oder sie bewerten ein bestimmtes Verhalten mit Lob und Tadel. Manche Stelle der Bibel ist uns schwer verständlich, weil wir uns gar nichts oder etwas Falsches vorstellen, etwa wenn wir lesen, daß Jesus sagte: „Steh auf, hebe dein Bett auf und gehe heim." Wer hat sich als kleines Kind nicht dabei vorgestellt, wie sich der eben Genesene ein schweres Bettgestell mit allem Zubehör auf den Rücken lud?

Zum besseren Verstehen der Bibel ist es nützlich, einiges über die damaligen Lebensgewohnheiten der Israeliten zu erfahren.

In ältesten Zeiten waren alle semitischen Völker Nomaden, die in Höhlen, in Zelten oder in rasch aus Zweigen errichteten Hütten wohnten.

In der Bibel heißt es: „Und sie sollen mir ein Heiligtum machen, daß ich unter ihnen wohne..." (2. Mose 25) Auf dem Berg Sinai empfing Moses noch viele genaue Anweisungen darüber, wie dies Heiligtum beschaffen sein sollte.

Rechts unten: Die Gewänder des Hohenpriesters, ebenfalls in der Bibel beschrieben.

Auch Abraham, Isaak und Jakob waren noch Nomaden und Zeltbewohner. Für ihre Frauen hatten sie, wie noch heute die reichen Beduinen, eigene Wohnzelte.

Ein Orientale stellt meist geringere Ansprüche an seine Behausung als wir. Er braucht einen Schutz gegen Sonne und Regen, lebt aber sonst die meiste Zeit des Tages draußen im Freien. Darum sind auch die festen Wohnhäuser späterer Zeiten recht bescheiden. Sie sind meistens aus luftgetrockneten Lehmziegeln errichtet, die nicht allzu lange halten. Prachtbauten aus behauenen Steinen wurden zuerst von Salomo errichtet; noch viele Jahrhunderte später war solches Bauen meist kultischen Zwecken vorbehalten.

Bei den einfachen Leuten bestand das ganze Wohnhaus aus einem einzigen Raum, der auch noch mit den Haustieren geteilt wurde. Auf dem flachen Dach wurde allerlei aufbewahrt oder getrocknet. Im Jahre 622 v. Chr. wurde ein Gesetz erlassen, wonach alle Dächer mit Geländern zu versehen seien; denn auf dem Dach schlief man auch, in eine Art Mantel gewickelt. Wurde einem Schuldner der Mantel gepfändet, mußte er ihm für die Nacht zurückgegeben werden.

Davidsstern

Bequemere Liegestätten, mit Decken und Teppichen gepolstert, gab es in allen möglichen Arten, je nachdem, wie wohlhabend eine Familie war.

Zum Essen hockte man sich um ein ausgebreitetes Stück Leder oder um einen niedrigen Tisch. Von Stühlen ist nur die Rede, wenn es sich um einen Fürsten- oder Königssitz handelt oder später um einen „Lehrstuhl", auf dem der Rabbi saß und die zu seinen Füßen hockenden Schüler belehrte. Auch heute noch findet man im Orient in den meisten Häusern keinen Stuhl.

In der meist fensterlosen, dunklen Wohnung brannte ständig eine Öllampe, die gern auf einen Leuchter gestellt wurde. In alten Zeiten war es sehr wichtig, Feuer zur Hand zu haben — Streichhölzer zum Anzünden gab es ja noch nicht. So wurde die brennende Öllampe zum Sinnbild des Glücks und des Ewigen — wir finden sie noch heute in den katholischen Kirchen.

Gekocht wurde im Wohnraum auf einer gemauerten Feuerstelle. An kalten Tagen kauerte man um ein tragbares Kohlenbecken.

Die früheste Kleidung bestand wohl in

Wie kleideten sie sich?

einem Fellschurz mit Ledergürtel; später wird noch von Propheten oder Eremiten erzählt, die einen härenen Mantel, ein Schaffell oder eine Ziegenhaut trugen. Als Trauergewand trugen Männer und Frauen einen groben „Sack" auf bloßem Leib mit einem Strick um die Mitte; so taten auch die Bußprediger, und die mittelalterlichen Mönchskutten erinnern daran. Das gebräuchlichste Gewand für alle wurde dann eine Art Hemdrock, ein bis etwa zu den Knien reichendes, meist ärmelloses Kleid. Als Festgewand galt ein sehr langes Kleid mit Ärmeln — je reichlicher und feiner der Stoff, desto vornehmer. Ein Gürtel zum Raffen war unentbehrlich; anfangs ein Riemen, wird er allmählich breiter und dient dann auch dazu, den Geldbeutel und andere Utensilien zu bergen.

Im 8. oder 9. Jahrhundert v. Chr. wird

von Unterhemden aus feinem Leinen berichtet und von besonderen Übergewändern der Vornehmen. Einen „Mantel" — ein großes, warmes Tuch, über die Schulter geschlagen und verschlungen, besaß jeder, auch der Arme; denn der Mantel diente vielen Zwecken. Weiß galt erst spät als festliche Farbe; die Freude an farbigen Geweben ist uralt. Wir lesen, daß die Brüder den Knaben Joseph um seinen „bunten Rock" beneideten. In babylonischer Zeit entwickelte sich Kunststickerei und -weberei, und die Reichen besaßen zahlreiche kostbare Gewänder.

Ein Gesichtsschleier war bei den jüdischen Frauen nicht Sitte. In anderen orientalischen Ländern war der Schleier das Vorrecht der ehrbaren Frau.

An den Füßen trug man Sandalen aus Holz oder Leder; Barfußgehen galt als Zeichen der Trauer oder als Schande.

Schmuck haben die Orientalen immer gern getragen. Ursprünglich waren es wohl Amulette, die den Träger schützen sollten; später trug man Geschmeide, soviel man sich leisten und zur Verschönerung des Körpers anbringen konnte.

Kornspeicher-Modell um 2500 v. Chr., gefunden in einer ägyptischen Grabkammer. Von solcher Form waren auch die Kornspeicher, die Joseph als Statthalter in Ägypten für die sieben mageren Jahre füllen ließ.

Was aßen sie?

Die Nahrung war recht bescheiden. Jahrtausendelang lieferte die Herde den Nomaden alles Notwendige zum Leben: Wolle, Leder, Fleisch, Milch und Käse — hauptsächlich von

„Lots Weib", eine mehr als fünfzehn Meter hohe Salzsäule, die an die Zerstörung Sodoms und Gomorras erinnert.

Salzhaltiges Gestein an der Südwestküste des Toten Meeres. Hier lagen die Städte Sodom und Gomorra.

Schafen und Ziegen, aber auch Eselsmilch diente zur Nahrung. Rinder sind kaum auf dem armen Boden der Wüstensteppen zu halten; doch sobald israelitische Stämme sich ansiedelten und Ackerbau betrieben, hatten sie auch Kühe und Ochsen, die sie vor den Pflug spannten.

Das wichtigste Nahrungsmittel waren die flachen Brote, die auf erhitzten Steinen gebacken wurden. Hauptgemüse waren Linsen und Bohnen; Gurken, Melonen, Zwiebeln und Knoblauch wurden sehr geschätzt. Als Obst gab es vor allem Trauben und Feigen, frisch oder getrocknet, und Oliven, die aber auch zu Öl verarbeitet wurden.

Ein wohlhabender Bauer pflegte seinen Acker nicht ganz abzuernten, sondern ließ an den Rändern etwas stehen und auf dem Felde etwas liegen — zur Nachlese für die Armen. Die ersten Garben aber und der erste Wein wurden feierlich im Tempel dargebracht. Erst nach dem Exil in Babylon setzt sich allmählich die religiöse Einsicht durch, daß Jahwe solcher Gaben nicht bedarf. Als Erntedankfest wird aber auch heute noch im modernen Israel das Laubhüttenfest im Oktober gefeiert; viele Menschen wohnen dann sieben Tage lang in Lauben aus grünen Zweigen.

Binsenkörbe wie jener, in dem gemäß der Bibel Moses als Säugling ausgesetzt wurde, waren in Ägypten sehr verbreitet und sind in vielen archäologischen Museen zu sehen.

Statue einer Dienerin aus einer ägyptischen Grabkammer.

Ehe und Familie

Der Sinn der Ehe bestand zu jener Zeit im Orient vor allem darin, Nachkommenschaft für die Sippe des Mannes zu bekommen. Das Ansehen einer Frau hing davon ab, ob sie viele Söhne gebar. Die Säuglings- und Kindersterblichkeit war aber damals beträchtlich. Darum war es die Regel, daß ein Mann — um möglichst viele Nachkommen zu hinterlassen — mehrere Frauen hatte.

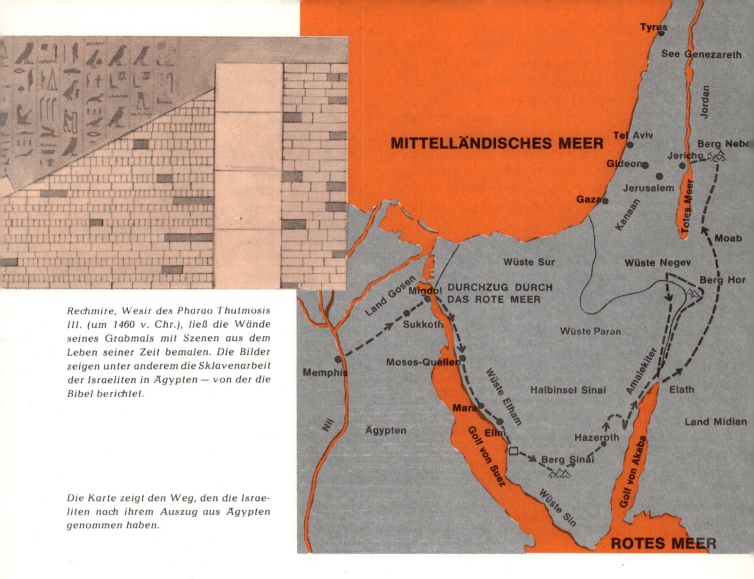

Rechmire, Wesir des Pharao Thutmosis III. (um 1460 v. Chr.), ließ die Wände seines Grabmals mit Szenen aus dem Leben seiner Zeit bemalen. Die Bilder zeigen unter anderem die Sklavenarbeit der Israeliten in Ägypten — von der die Bibel berichtet.

Die Karte zeigt den Weg, den die Israeliten nach ihrem Auszug aus Ägypten genommen haben.

Für die Frau wurde ein Kaufpreis an ihren Vater gezahlt, und darum gehörte sie zum Eigentum des Ehemannes. (Als Jakob bei seinem Onkel um Rahel warb, hatte er keinen Gegenwert zu bieten und willigte ein, statt dessen sieben Jahre zu dienen.) Nach der babylonischen Gefangenschaft wurde bei den Juden die Einehe Sitte. Das veränderte das ganze Sozialgefüge und hob die Stellung der Frau.

Bei den Nachkommen Jakobs war die Stammeszugehörigkeit sehr wichtig; aber die patriarchalische Familie bildete die stärkste Einheit.

Zu besonderen Familienfesten kamen die verwandten Sippen zusammen. Die Geburt eines Kindes, besonders die eines Knaben, wurde zwar immer freudig begrüßt, aber zunächst nur vom engsten Familienkreis. Der Verwandtenbesuch kam erst zur Feier der Beschneidung eines männlichen Säuglings. Die Beschneidung, eine uralte Sitte einiger semitischer Stämme, hing ursprünglich wohl mit Mannbarkeitsriten zusammen. Ins Säuglingsalter verlegt wurde sie vermutlich erst während der babylonischen Gefangenschaft; dort, in der Fremde, war sie das Zeichen der Volkszugehörigkeit.

Mit einem Festessen für die Verwandten wurde es gefeiert, wenn ein Knabe von der mütterlichen Brust entwöhnt war. Er war dann drei oder vier Jahre alt! Jetzt zählte der Knabe erst richtig als Nachkomme. Er wird schon bald mit allerlei kleinen Pflichten betraut, zieht früh mit hinaus auf die Weide und wird im Arbeitsbereich des Vaters mit eingespannt. Mädchen werden natürlich von der Mutter angelernt.

Der erstgeborene Sohn war erbrechtlich bevorzugt; aber zwischen den Kindern der verschiedenen Frauen gab es rechtlich keine Ungleichheit. Die väterlichen Rechte waren jedoch fast unbeschränkt. Ein Mann konnte Frau oder Kinder verstoßen. Auflehnung der Jungen mit Wort oder Tat war ein todeswürdiges Verbrechen. Der Vater konnte seine Töchter als Sklavinnen verkaufen. Er bestimmte die Gattenwahl.

Hochzeit und Totenfeier

Eine Hochzeit war das fröhlichste aller Familienfeste. Bei den Wohlhabenden dauerte sie sieben Tage: Am ersten Tag kommen die Scharen der Verwandten ins Elternhaus des Bräutigams. Dort wird die Hochzeitstafel und das Brautgemach vorbereitet. Abends setzt die Mutter dem Bräutigam den Hochzeitsturban auf. Dann zieht er mit seinen Freunden zum Elternhaus der Braut, die ihn dort verschleiert erwartet oder ihm von ihren Freundinnen entgegengeführt wird. Mit Gesang und Tanz zur Musik von Flöten, Leiern und Tamburins, mit Rezitationen, Märchenerzählen und Rätselraten wird weiter gefeiert, je nachdem, wie viele Tage sich eine Familie die Bewirtung leisten kann.

Anlaß zur Zusammenkunft der Sippen bot auch ein Todesfall. Er wurde von Ansagern bekanntgegeben, die mit Ho-hoo-Rufen durch die Gassen und über die Felder zogen. Da die Familien einer kleineren Stadt meistens alle miteinander verwandt waren, ruhte sofort jede Arbeit, und jeder begab sich zur Totenklage ins Trauerhaus. Es war Sitte, daß die engere Familie ihre Kleider zerriß, sich mit Asche bestreute

und die nächsten männlichen Angehörigen des Verstorbenen sich den Kopf kahl schoren. Alle sangen Klagelieder und schlugen sich die Brust. Dazu wurden schrille Flöten gespielt. Das dauerte bis nach der Bestattung auf dem Erbgrund der Familie. Die lauten Klagerufe sollten im Totenreich die Ankunft eines Menschen ankündigen, der den Lebenden etwas bedeutet hatte.

Handelte es sich bei dem Verstorbenen um einen Mann aus kinderloser Ehe, so war einer seiner Brüder verpflichtet, die Witwe zu heiraten und nach Möglichkeit für Nachkommenschaft zu sorgen, die dann den Erbbesitz des Verstorbenen übernehmen konnte.

Das musikliebende Volk

Wer das Alte Testament aufmerksam liest, stößt immer wieder auf Texte, die von Gesang und Musik berichten. Tatsächlich war das Leben der Israeliten reich an Musik, und zu vielen Texten, die uns nur als Verse überliefert sind, gehört eigentlich eine Melodie.

Gesungen wurde bei den Festen und bei der Arbeit, bei freudigen und bei traurigen Anlässen. Der Bauer sang hinter dem Pflug, der von seinen Ochsen gezogen wurde. Der Hirte auf dem Feld hatte schon als Knabe gelernt, die Flöte zu spielen. Jede Arbeit war weniger mühsam, wenn Musik sie begleitete. Vom Gesang bei der Ernte wird mehrere Male in der Bibel berichtet, und natürlich auch vom Flöten- und Saitenspiel bei weltlichen und religiösen Feiern.

Auch heute noch werden beim Gottesdienst und bei religiösen Feiern sowohl vom Rabbi der Juden als auch vom katholischen Priester geheiligte Texte g e s u n g e n. Und die christliche Kirche ist ohne das geistliche Lied kaum denkbar.

Die Glaubens- und Morallehren des Alten Testaments

Seit frühesten Tagen, als die Bibel noch längst nicht geschrieben war, versuchten die Menschen, sich ihre Umwelt zu erklären und zu deuten. Viele Völker glaubten, daß Geister und Dämonen in der Natur walteten. Wie er sich selbst als empfindendes Wesen erlebte, so empfand der Mensch auch die Erscheinungen seiner Umwelt als belebte Wesen. Wind und Wellen, Regen und Sturm, Felder, Flüsse und Meere, die ganze Natur war für ihn von Geistern oder Göttern bewegt oder bewohnt. Es gab bei den meisten Völkern einen Regengott und einen Gott der Felder, einen Sonnen- und einen Meeresgott. Herrschte Trockenheit im Lande, beteten die Menschen zum Gott des Regens und brachten ihm Opfergaben. Schwollen die Flüsse und traten über die Ufer, brachten sie dem Flußgott Geschenke dar und hofften, er werde die Flut zurückgehen lassen.

Viele Volksstämme verehrten außer zahlreichen Naturgöttern ihren eigenen, besonderen Schutzgott. Meistens leitete der Häuptling oder der König seine Herkunft von diesem Gott ab. Wie die Volksstämme, so lagen auch deren Götter miteinander in Streit. Man glaubte, mit dem Sieg eines Gottes über einen anderen siege auch sein Volk über jenes, das dem besiegten Gott anhing.

In manchen Ländern verehrte man die Sonne oder den Mond oder vergött-

Was ist Monotheismus?

Relief aus dem 8. Jahrh. v. Chr. Ein Widderhorn wird geblasen. Die Bibel berichtet, durch das Blasen von „Posaunen" seien die Mauern von Jericho eingestürzt. Sicherlich sind es Widderhörner gewesen, die vor Jericho geblasen wurden.

Ein Relief, das etwa aus der gleichen Zeit stammt. Dieser Mann benutzt eine Schleuder, gleich jener, mit der David den Goliath tötete.

Die Bibel erzählt, daß David vor König Saul die Harfe spielte. Die Tontafel (rechts) wurde in Kanaan gefunden. Sie zeigt einen musizierenden Mann; das Instrument, das er spielt, gleicht dem in der Bibel beschriebenen.

lichte Tiere; in Ägypten zum Beispiel hatte der Gott Hor einen Falkenkopf, und Katzen, Löwen und Stiere waren heilige Tiere.

Überall war es Sitte, den Göttern Opfergaben zu bringen, um sie den Menschen günstig zu stimmen. Es gab grausame Götter, an deren Altären Menschen geopfert wurden.

Bei allen Völkern der Frühzeit war es üblich, Bilder oder Figuren von Gottheiten anzufertigen. Kleine Figuren aus Ton, Holz, Stein oder Elfenbein trug man entweder als Amulette bei sich oder stellte sie als Schutzgottheiten in seine Behausung; größere Bildnisse standen im Freien oder in Tempeln, meist mit einem Altar verbunden.

Vielgötterei gab es im Altertum nicht nur bei primitiven Völkern. Auch die auf höchster Kulturstufe stehenden Griechen hatten viele Götter; sie opferten und beteten zu ihnen, bildeten sie in Marmor und bauten ihnen herrliche Tempel. Und die Römer des Altertums standen den Griechen in der Anzahl ihrer Götter kaum nach.

Die Religion des kleinen semitischen Volkes, das man später Israel nannte, ist unseres Wissens die erste, die nur einen einzigen Gott lehrte, der unsichtbar über allem thront und keines Bildnisses bedarf. Die Bibel nennt den Namen des Mannes, der diesen Glauben als erster verkündete: Abraham. Dieser Stammvater des Judentums lehrte, daß ein einziger Gott alles geschaffen habe und alles lenke, daß der Gott Ursprung aller Natur- und Menschengesetze sei und daß es außer ihm, den Abraham Jahwe nannte, keinen anderen Gott gebe und daß darum alle Götzenbilder zerstört werden müßten.

Ein solcher Glaube, der nur einen einzigen, allmächtigen Gott anerkennt und der bestreitet, daß es außer ihm noch

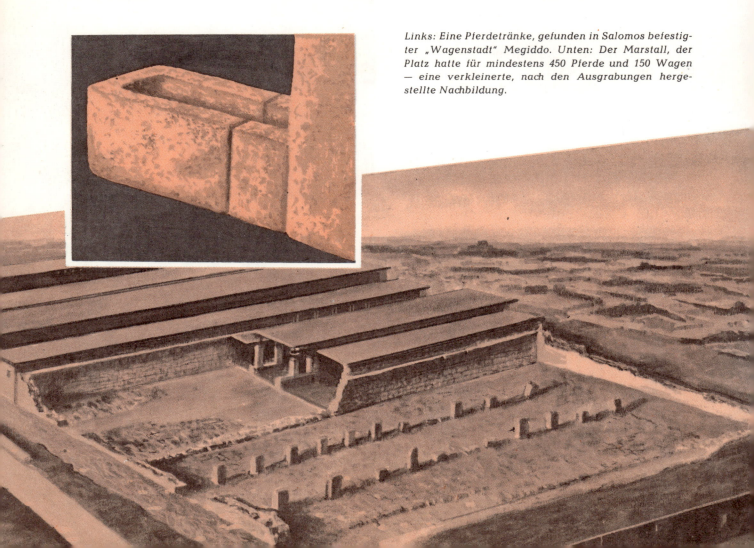

Links: Eine Pferdetränke, gefunden in Salomos befestigter „Wagenstadt" Megiddo. Unten: Der Marstall, der Platz hatte für mindestens 450 Pferde und 150 Wagen — eine verkleinerte, nach den Ausgrabungen hergestellte Nachbildung.

So könnte König Salomos Tempel ausgesehen haben. Von den herrlichen Bauten, die der weise König errichten ließ, sind kaum Spuren gefunden worden; nur Überreste der Stallungen wurden ausgegraben.

andere Götter gibt, wird von der Wissenschaft Monotheismus genannt. (Mono... = ein..., allein..., Theismus = Lehre von Gott; Gegensatz: Polytheismus.)
Judentum, Christentum und Islam gründen sich auf monotheistischen Glaubensvorstellungen.

Durch Abrahams Nachkommen wurde die monotheistische Lehre bewahrt und überliefert; aber sie verbreitete sich nicht, und in den folgenden Jahrhunderten blieb sie auch bei den Kindern Israels nicht rein erhalten. Dann wurde ihr religiöses Denken und Empfinden durch zwei dramatische Ereignisse aufgerüttelt und stärkstens beeinflußt. Das erste war ihr Auszug aus Ägypten, mit einem lateinischen Wort „Exodus" genannt; das zweite war das Geschehen am Berge Sinai. Jahrhunderte nachdem Gott sich den Erzvätern Abraham, Isaak und Jakob gezeigt und einen Bund mit ihnen geschlossen hatte, befanden sich die Israeliten in ägyptischer Sklaverei, und der Gott Jahwe schien verstummt. Durch Moses sollte das Volk nun die Verheißung aufs neue erfahren, zum alleinigen Gott zurückgeführt und aus der Knechtschaft befreit werden. Um den Pharao und auch um die Israeliten von seiner Macht zu überzeugen, ließ Gott Wunder geschehen: Das Wasser des Nils wurde zu Blut; zahllose Frösche bedeckten das Land, und noch

Was ist mit Offenbarung gemeint?

manches geschah, bis der ägyptische König nachgab und die israelitischen Fronarbeiter ziehen ließ. Als er ihnen seine Truppen nachschickte, half Gott wiederum: Die Wasser teilten sich und ließen Moses mit seinem Volk hindurch, aber die Ägypter versanken in der Flut. Immer wieder fiel das Volk Israel in Zweifel — und immer neue Wunder geschahen in der Wüste.

Am Berg Sinai geschah dann das Einzigartige; Gott fuhr herab in einer Wolke von Feuer und Rauch, unter Donner und Blitz und Posaunenschall, und er sprach aus der Wolke. Er offenbarte sich, und er sprach — nach biblischem Glauben — in wörtlicher Offenbarung.

Bis dahin war dieser Gott nur Noah und den Erzvätern erschienen. Jetzt vernahm das ganze Volk die Stimme Jahwes. Mose empfing die Zehn Gebote, die Gott selbst, wie die Bibel berichtet, auf zwei Steintafeln geschrieben hatte. Und in den folgenden Tagen redete Gott noch häufig mit Mose und gab ihm viele Gesetze, die das Leben seines auserwählten Volkes bestimmen sollten.

Mit der göttlichen Offenbarung am Berg Sinai ist die höchste Heiligung von Sitten- und Moralgesetzen verbunden. Auf den Glauben an diese Offenbarung gründet sich wesentlich die spätere Entwicklung der jüdisch-christlichen Religion.

An sich bedeutet das Wort „Offenbarung": Enthüllung von Verborgenem, Sichtbarwerden aus dem Unsichtbaren, Kundtun von bisher Unbekanntem.

Was ist Inspiration?

Gläubige Juden und Christen sind überzeugt, daß die Worte der Bibel oder doch ihr wesentlicher Teil auf die höchste Autorität, auf Gott zurückzuführen sind, daß sie also „Gotteswort" sind. Die Bibel ist aber als Schrift zweifellos Menschenwerk. Wie erklären die Kirchen, daß von Menschen Geschriebenes von Gott stammen kann?

Sie sagen: Gewiß sind die Heiligen Schriften von Menschen geschrieben worden; aber ihre Verfasser waren vom Heiligen Geist erleuchtet; Gott sprach durch sie hindurch.

Ein großer Teil der Bibel besteht in Überlieferungen, die im Laufe des vorchristlichen Jahrtausends aufgeschrieben wurden. Gewiß hat es zahllose Schriften gegeben, unter denen die jüdischen Schriftgelehrten den „wahren" Kern finden mußten. Die Arbeit

Ein Relief auf dem berühmten schwarzen Obelisken aus Kalah zeigt den israelitischen König Jehu, der dem Assyrer-König Salmanassar III. huldigt.

des Sichtens und Vergleichens übereinstimmender Berichte war gewiß nicht leicht.

Ein großer Teil des Alten Testaments stammt direkt aus der Feder von Sehern und Propheten, die verkündeten, was Gott ihnen offenbart hat.

Man sagt, die Propheten seien vom Heiligen Geist Gottes **inspiriert** gewesen, als sie das niederschrieben, was in der Bibel steht.

Durch solche Überzeugung, daß in der Bibel das Wort Gottes enthalten ist, gewinnt das Buch der Bücher für den Gläubigen den höchsten Rang. Wenn er in der Bibel liest, spricht Gott selbst zu ihm.

Über die Frage, ob die Bibel wortwörtlich oder nur dem Sinne nach Gottes Wort ist, hat es innerhalb der Kirchen verschiedene Auffassungen gegeben. Immer mehr verbreitet sich die Meinung, nur den Sinngehalt als Gottes Botschaft zu nehmen. Man argumentiert so: Im wörtlichen Text der Bibel lassen sich leicht Widersprüche und Unrichtigkeiten nachweisen; das widerspricht der Auffassung von einem allwissenden Gott; gewiß sei alle Verkündigung durch die Propheten aus göttlicher Inspiration geschehen und somit wahr; aber sie habe in der Sprache der Menschen geschehen müssen, und die sei in Formulierung und Wiedergabe dem Irrtum unterworfen.

Was sind die Zehn Gebote?

Die Zehn Gebote, die wichtigste Botschaft vom Berg Sinai, bestehen in der alten hebräischen Fassung aus nur 120 Wörtern. Mehr als drei Jahrtausende alt, sind diese Gebote doch heute so wenig veraltet, daß sie für Christen und Juden unserer Zeit noch die Grundregeln ihres Glaubens und ihres Verhaltens darstellen können. Sie sind Leitsätze für das tägliche Leben, für moralisches Handeln. Zweifellos können auch Menschen, die nicht der christlichen oder jüdischen Glaubensgemeinschaft angehören, den größten Teil der Zehn Gebote als Sittengesetze anerkennen. Für den Gläubigen hat Gott selbst diese Gebote auf Stein geschrieben und Mose übergeben. Mögen andere sie für das Werk eines großen Religionsstifters halten, der sie als Gottes Wort verkündete, um sie für seine Anhänger zu heiligen: ihre

Ausschnitt aus einem Relief, gefunden in Kalah, Assyrien. Es zeigt Krieger des Assyrer-Königs Tiglatpileser bei einem Angriff.

Bildnis des Assyrer-Königs Tiglatpileser III., der Israel eroberte.

35

Bedeutung für viele Millionen Menschen in Vergangenheit und Gegenwart ist unbestritten.
Ihr Wortlaut ist folgender:

"Ich bin der Herr, dein Gott, der ich dich aus Ägyptenland, aus dem Diensthause, geführt habe.

Du sollst keine anderen Götter neben mir haben. Du sollst dir kein Bildnis noch irgendein Gleichnis machen, weder dessen, das ist oben im Himmel noch dessen, das unten auf Erden, oder dessen, das im Wasser unter der Erde ist. Bete sie nicht an, und diene ihnen nicht. Denn ich, der Herr, dein Gott, bin ein eifriger Gott, der da heimsucht der Väter Missetat an den Kindern bis in das dritte und vierte Glied, die mich hassen. Und tue Barmherzigkeit an vielen Tausenden, die mich liebhaben und meine Gebote halten.

Du sollst den Namen des Herrn, deines Gottes, nicht mißbrauchen; denn der Herr wird den nicht ungestraft lassen, der seinen Namen mißbraucht.

Gedenke des Sabbathtages, daß du ihn heiligest. Sechs Tage sollst du arbeiten und alle deine Dinge beschicken. Aber am siebenten Tage ist der Sabbath des Herrn, deines Gottes. Da sollst du kein Werk tun, noch dein Sohn, noch deine Tochter, noch dein Knecht, noch deine Magd, noch dein Vieh, noch dein Fremdling, der in deinen Toren ist. Denn in sechs Tagen hat der Herr Himmel und Erde gemacht, und das Meer und alles, was darinnen ist; und ruhte am siebenten Tag. Darum segnete der Herr den Sabbathtag und heiligte ihn.

Du sollst deinen Vater und deine Mutter ehren, auf daß du lange lebest im Lande, das dir der Herr, dein Gott, gibt.

Du sollst nicht töten.

Du sollst nicht ehebrechen.

Du sollst nicht stehlen.

Du sollst kein falsch Zeugnis reden wider deinen Nächsten.

Laß dich nicht gelüsten deines Nächsten Hauses. Laß dich nicht gelüsten deines Nächsten Weibes, noch seines Knechts, noch seiner Magd, noch seines Ochsen, noch seines Esels, noch alles, was dein Nächster hat."

Der hier wiedergegebene Text der Zehn Gebote folgt der Lutherübersetzung vom 2. Buch Mose Kap. 20. Im 5. Buch Mose, Kap. 5, findet sich noch einmal eine Wiedergabe der Zehn Gebote; sie weicht nur gering von der

oben wiedergegebenen Fassung ab. Die Christen rechnen den ersten Satz bei ihrer Fassung nicht als Gebot. Die griechisch-katholische und manche protestantische Kirchen teilen das zweite Gebot in zwei Teile, um die Zahl der Gebote wieder auf zehn zu bringen; die römisch-katholischen Christen machen dafür aus dem zehnten Gebot zwei Gebote.

Was ist ihre besondere Bedeutung?

Kein zivilisierter Staat ist denkbar ohne Gesetze. Und staatliche Gesetze müssen niedergeschrieben sein, damit sie dauern. Das Volk Israel besaß bis zum Sinai noch keine geschriebenen Gesetze. Wenn es im ver-

36

Links: So ähnlich sah wahrscheinlich Babylon aus, als der König Nebukadnezar die Juden in die Gefangenschaft führte.

Oben: Babylons berühmtes Ischtar-Tor. Seine Nachbildung ist im Pergamon-Museum in Berlin zu sehen.

heißenen Gelobten Land einen eigenen, selbständigen Volksstaat bilden wollte, wie es Mose und seinen Helfern gewiß vorschwebte, dann brauchte es solche geschriebenen Gesetze, und zwar b e v o r es in Kanaan einzog und mit den fremden Sitten und Gebräuchen der einheimischen Bevölkerung zu tun bekam.

Lange bevor die Zehn Gebote um 1200 v. Chr. auf Stein geschrieben wurden, kannten andere Völker schon geschriebene Gesetze. Ein halbes Jahrtausend vorher hatte der babylonische König Hammurabi Gesetze erlassen, die auf steinerne Säulen geschrieben und weithin bekannt waren; anderen Völkern dienten sie lange nachher noch zum Vorbild. Seit wenigen Jahrzehnten wissen wir, daß im 2. vorchristlichen Jahrtausend auch das große Hethiterreich in Kleinasien eine erstaunliche Gesetzgebung besaß.

Die ersten der Zehn Gebote begründen den monotheistischen Glauben als Gesetz. Und erst durch den Glauben an den einen einzigen, allmächtigen Gott entsteht für die folgenden Gebote der Anspruch, daß sie vom Höchsten geheiligte Gebote sind. Ihre Geltung steht damit nicht im Belieben von Menschen, und seien diese Menschen noch so mächtige Herrscher.

Bis dahin mochten weise Könige auch kluge Gesetze gemacht haben, aber ihre Gesetze dienten hauptsächlich dazu, das staatliche Leben in gesichertem Gang zu halten. Sie waren Menschenwerk, wenn auch den Gesetzgebern oft göttliche Ehren erwiesen wurden — mit ihrem Tod fielen meistens auch ihre Gesetze.

Auch die Zehn Gebote sollten seinerzeit das Zusammenleben des israelitischen Volkes regeln. Darüber hinaus aber waren sie von hohem Wert für die Menschheit. Zum erstenmal beruhten Gesetze auf einer Religion und nicht auf Macht. Zum erstenmal richten sie sich an alle — der mächtigste König soll ihnen hinfort ebenso gehorchen wie der niedrigste Sklave.

Die Zehn Gebote haben — im Gegensatz zu allen anderen Gesetzen — bis heute ihre Bedeutung unvermindert behalten, weil sie zum großen Teil Sittengesetze sind, die für alle Menschen gelten können und für immer gültig sind.

Was unterscheidet die Lehren des Alten und Neuen Testaments?

Das alte Testament enthält viele wunderbare Worte und tiefe Weisheiten. In der Zeit und in dem Lande, da diese Gedanken entstanden, gab es keine humaneren Ideen. Aus dem Glauben an den einen Gott, der alle Menschen geschaffen hat, konnten sich Ideen von sozialer Gerechtigkeit entwickeln.

Und doch wird das Bild des strengen, eifersüchtigen Gottes des Alten Testaments, der Mose gebot: „Auge um Auge, Zahn um Zahn", von dem Gottesbild überstrahlt, das Christus der Welt gegeben hat. Erst Christus hat es ausgesprochen: „Vor Gott sind alle Menschen gleich." Zwar heißt es im Alten Testament: „Wer Barmherzigkeit seinem Nächsten verweigert, der verlässet des Allmächtigen Furcht" (Buch Hiob Kap. 6,14) und „Du sollst deinen Nächsten lieben wie dich selbst" (3. Buch Mose 19,18). Aber mit dem „Nächsten" war eben doch nur der Stammesbruder gemeint und nicht einfach jeder andere Mensch. „Liebet eure Feinde; tut gutes denen, die euch hassen" — das ist Jesu Lehre.

Warum gilt auch für Christen das Alte Testament?

Das Christentum ist aber ohne das Judentum gar nicht denkbar. Nachdem die Juden den monotheistischen Glauben entwickelt hatten, wonach ein einziger, unsichtbarer, allmächtiger, allwissender Gott existiert, konnte ein solcher Gott nicht mehr gegen einen anderen ausgetauscht werden. Juden und Christen beten zum gleichen Gott!

Jesus und seine Apostel waren ausnahmslos Juden und im jüdischen Glauben verwurzelt. Jesus hat diesen Glauben nicht verworfen, sondern wollte ihn läutern. Und er hat bezeugt, der im Alten Testament verheißene Messias zu sein. Das Alte ist also die Voraussetzung für das Neue Testament.

Wissen muß man, daß auch im Judentum eine Weiterentwicklung zum Humanen stattfand. Viel dazu beigetragen hat der Gelehrte Hillel, der vom Jahre 30 vor bis zum Jahre 10 nach Chr. in Jerusalem gewirkt hat. Er lehrte, daß das Gebot der Nächstenliebe die Erfüllung des Judentums sei. Die damals entwickelten Anschauungen sind im T a l m u d zu finden. Der Talmud umfaßt Vorschriften, Lehren und Überlieferungen, die nach Abschluß der Bibel im Judentum entstanden.

Bevor der Buchdruck erfunden war, gab es auch „Bücher" der Bibel aus solchen Schriftrollen.

Die Forschung und die Bibel

Troja wurde ausgegraben, weil Schliemann fest daran glaubte, daß die Dichtungen Homers auf Wahrheit beruhen. Es hat lange gedauert, bis auch die historischen Wahrheiten des Alten Testaments durch Archäologen und andere Wissenschaftler bestätigt wurden.

Die historische Wahrheit

Woran liegt das? Einerseits daran, daß die Bibel von jeher ein Glaubensbuch ist, dessen Inhalt von den Gläubigen für göttliche Offenbarungen gehalten wird, die nachprüfen zu wollen Vermessenheit schien. Andererseits wurde sie von vielen Menschen, die weder den jüdischen noch den christlichen Glauben teilten, nur als ein Buch voller unverbindlicher „frommer Geschichten" betrachtet.

Bevor Wissenschaftler das Alte Testament als eine Fundgrube für altgeschichtliche Forschung werten konnten, mußte aber auch die Altertumswissenschaft so weit fortgeschritten sein, daß Zusammenhänge sichtbar wurden: daß Theben das in der Bibel genannte No-Amon, Heliopolis gleich On ist; daß der Assyrerkönig Tiglatpileser III. dort Phul genannt wird und ähnliches. Alte, längst ausgestorbene Sprachen konnten erst studiert werden, nachdem Archäologen die vielen Tontafeln und Steinsäulen ausgegraben hatten, deren eingeritzte Zeichen es zu entschlüsseln galt.

Wie die Bibel zur Erhellung der Geschichte dienen kann, so kann die Forschung biblische Texte bestätigen. Dafür nur einige wenige Beispiele.

Wer kennt nicht die biblische Geschichte von der großen Sintflut!

Was war die Sintflut?

Sie wird als göttliches Strafgericht über die sündigen Menschen geschildert. Nur der fromme Noah mit den Seinen und mit je einem Paar von allen Tieren überlebten in der Arche, die Noah auf Gottes Geheiß gebaut hatte. Uralte Legenden von ungeheuren Flutkatastrophen gibt es bei allen Völkern der Erde. Die Ureinwohner Amerikas haben sie ebenso wie die Australier und die asiatischen Völker von Generation zu Generation überliefert. Bei Ausgrabungen in Mesopotamien hat man schon im vorigen Jahrhundert das Gilgamesch-Epos gefunden, das einen Flutbericht enthält, der in manchen Teilen fast wörtlich mit dem der Bibel übereinstimmt; man muß annehmen, daß er die Quelle des biblischen Berichts bildet, denn das Epos ist mehr als tausend Jahre älter als die Bibel.

Wissenschaftler meinten, daß die großen Flutberichte bis auf die Eiszeit zurückgeführt werden könnten. Aber solche Schlüsse waren nur Vermutungen, Beweise dafür oder dagegen gab es bis vor einigen Jahrzehnten nicht. Dann begann in den zwanziger Jahren unseres Jahrhunderts der amerikanische Archäologe Woolley in Süd-Mesopotamien zu graben. Er entdeckte die Königsgräber von Ur — 4800 Jahre alte steinerne Grabgewölbe, mit Schätzen gefüllt. Nachdem die Kostbarkeiten geborgen sind, läßt Woolley in tiefere Schichten graben, weil er erkennt, daß noch viel ältere Zeugnisse menschlichen Wohnens unter den Grabgewölben vorhanden sind. Er findet beschriebene Tontafeln, die 200 Jahre älter sind. Und in immer noch tieferen, älteren Schichten enthält der Schutt noch Keramik, die schon auf der Töpferscheibe gedreht wurde. Dann hört plötzlich jede Spur von Kulturschutt auf — Woolleys Männer stoßen auf reinen Lehm. Dieser Lehm — der nichts als Überreste kleiner Seetiere enthält – muß vor vielen Jahrtausenden abgelagert worden sein. Aber der Schachtboden liegt viele Meter über dem Wasserspiegel! Woolley läßt an mehreren Stellen in die Lehmschicht hineinstechen; nach drei Meter Grabungstiefe hört der Lehm plötzlich auf. Und zur großen Überraschung der Expeditionsteilnehmer erscheinen wieder neue Schuttschichten, und zahlreiche Spuren noch älterer menschlicher Besiedlung kommen ans Licht. Die gesichteten Reste unterhalb der Tonschicht stammen aus einer wesentlich primitiveren Kulturstufe – aus der Steinzeit!

Woolley telegrafiert: „Wir haben die Sintflut gefunden!" Durch Stichproben stellt er fest, daß die große Flut ihre Ablagerungen bis etwa 630 Kilometer nordwestlich des Persischen Golfs hinterlassen hat. Ein kleines Teilgebiet der Erde – aber für die Bewohner dieser frühen Kulturlandschaft war es eine vernichtende Katastrophe. Sie geschah 4000 Jahre vor unserer Zeitrechnung.

| Woher stammte Abraham? |

Bis vor wenigen Jahrzehnten wurde auf Grund einer Bibelstelle (1. Mose 11) angenommen, daß Abraham aus Ur stammt. Als Archäologen nahe der Euphratmündung die Überreste dieser Stätte ausgraben und feststellen, daß Ur zu Anfang des zweiten Jahrtausends v. Chr., zu Abrahams Zeit also, eine Hauptstadt mit mehrstöckigen Häusern gewesen ist, entsteht Verwirrung: Kann denn der Herdenbesitzer und Zeltbewohner Abraham aus einer Großstadt stammen?

In den dreißiger Jahren wird dann, mehrere hundert Kilometer flußaufwärts, der riesige Mari-Palast freigelegt, mit ihm 25 000 Keilschrifttafeln.

Während des Mittelalters wurde die Bibel von Mönchen handschriftlich vervielfältigt.

(Das Mari-Reich mit seiner hohen, friedlichen Kultur bestand bis etwa 1700 v. Chr.; als es dann der babylonische König Hammurabi eroberte, wurde auch der Palast niedergebrannt.) Die Tontafeln bereiten den Altertumswissenschaftlern eine Überraschung besonderer Art: Sie berichten wiederholt von „Benjaminiten", und auf mehreren Tafeln wird eine ganze Anzahl biblischer Namen entziffert. In den uralten Berichten der Verwalter des Mari-Reiches sind es die Namen von Wohnorten im Nordwesten Mesopotamiens; in der Bibel werden diese Namen als Vorväter Abrahams genannt!

Durch diese Entdeckung werden andere Bibelstellen bestätigt, und es gilt nun als gesichert: Abrahams Heimat war Haran; es liegt zwischen Euphrat und Tigris und gehört heute zur Türkei. Mancher mag sich nun fragen: Wie kann ein Nomade überhaupt eine Heimat haben? Nomaden haben ihr weit ausgedehntes aber doch begrenztes Weidegebiet, das sie immer wieder mit ihren Herden im Laufe eines oder auch mehrerer Jahre gemächlich durchziehen und das sie genau kennen – das ist ihre Heimat. Der Stamm kennt dort

jede Quelle und jedes Grundwasserloch; er kennt jede Stelle, wo Futter zu finden ist, jede Felsgrotte, die Schutz bietet, jeden Baum, der Schatten oder gar Nahrhaftes spendet. In seinem Weidegebiet ist der Nomade daheim. Manchmal wird ein großes Gebiet unter die Sippen eines Stammes aufgeteilt; manchmal liegen innerhalb des heimatlichen Bereichs Wohninseln, wo andere, seßhafte Volksstämme sich mit Ackerbau und Handwerk beschäftigen — mit solchen Leuten kann man dann gut Tauschgeschäfte machen. Manchmal aber geschieht es, daß Menschen und Herden so zahlreich werden, daß das vertraute Land nicht genug Lebensmöglichkeiten für alle bietet. Dann muß der Stamm sich teilen. Für einen Nomadenstamm war das immer ein schwerwiegender Entschluß, nicht nur wegen des Abschieds voneinander und vom Gewohnten, sondern weil die Suche nach neuen Weidegründen ein Unternehmen auf Leben und Tod war. Darum pflegte der verantwortliche Führer der Gruppe auf ein Zeichen seines Gottes zu warten, und im Traum oder in einer Vision erfuhr er, wohin er sich wenden solle.

Auf göttliches Geheiß also zog Abraham mit den Seinen nach Kanaan, in das Land, das ein Jahrtausend später Palästina hieß; er hatte mehr als 1000 Kilometer zurückzulegen.

Sodom und Gomorra

„Da ließ der Herr Schwefel und Feuer regnen vom Himmel herab auf Sodom und Gomorra." (1. Mose 24.) Wird von einem Ort berichtet, an dem es sehr wüst und unordentlich oder gar lasterhaft zugeht, so sagt wohl mancher, es gehe dort zu „wie in Sodom und Gomorra". Daß es diese beiden Städte wirklich gegeben hat, ist längst bekannt; wir wissen auch, wo sie gestanden haben.

Das Tote Meer, das tiefgelegene, salzige Auffangbecken des Jordan, in der Bibel Salzmeer, auch Meer gegen Morgen oder Asphaltsee genannt, ist zum größten Teil etwa 400 Meter tief. Sein südliches Drittel dagegen ist ziemlich flach, zwischen acht und fünfzehn Meter tief. Bei günstigem Sonnenstand kann man dort unter dem Wasserspiegel uralte Wälder erkennen. Der hohe Salzgehalt des Wassers hat die Formen der Bäume erhalten. Als diese Bäume noch grünten, hat vielleicht Lot mit seiner Familie ihren Schatten genossen. Dieser flache Teil des Toten Meeres war bis etwa 2000 Jahre vor unserer Zeitrechnung trockenes Land, und dort lagen die Städte Sodom und Gomorra. Geologen und andere Wissenschaftler haben es herausgefunden. Das Tote Meer und das ganze Jordantal gehören zu einem mächtigen Riß in der Erdkruste, der vom Taurusgebirge in Kleinasien bis nach Afrika verläuft. Entlang dieser Erdspalte hat es immer viele Erdbeben gegeben. Bei dem starken Erdbeben, das dort vor fast vier Jahrtausenden stattfand, hat sich der Boden am Südufer des Toten Meeres stark gesenkt, und so gingen die Städ-

te Sodom und Gomorra unter. Da starke Erdbeben auch häufig mit Ausbrüchen giftiger Gase und mit Bränden verbunden sind, kann man die biblische Beschreibung dieses Untergangs durchaus für historische Wahrheit halten.

Die Welt ist voller wunderbarer Erscheinungen. Für

Die Wunder in der Wüste

---

den gläubigen Christen und Juden ist das ganze Universum eine Schöpfung Gottes. Und sein Glaube wird nicht dadurch erschüttert, daß für viele Wunder der biblischen Geschichten von Wissenschaftlern eine natürliche Erklärung gefunden wurde. Solche Erforschung der alten Texte erbringen erst den Beweis, daß ihr wesentlicher Gehalt auf tatsächlicher geschichtlicher Vergan-

Eine (verkleinerte) Seite der Gutenberg-Bibel, des ersten Buches, das mit beweglichen Lettern gedruckt wurde.

genheit beruht. Ereignisse, die für ein ganzes Volk über Tod und Leben entschieden, Geschehnisse, die für den Menschen vor drei Jahrtausenden unerklärlich waren, wurden verständlicherweise in der Überlieferung zu Wundern.

Wäre den Nachkommen Jakobs in der ägyptischen Knechtschaft nicht in Mose ein Führer erwachsen, der sie zur Flucht überredete und ins verheißene, gelobte Land führen sollte — die Kinder Israels wären wahrscheinlich geschichtslos in Ägypten verschwunden, und die Bibel wäre nie entstanden. Als Schriftkundige Jahrhunderte später die Geschichte ihres „auserwählten" Volkes aufschrieben, hatte die mündliche Überlieferung aus dem Exodus, dem Auszug aus Ägypten, längst eine Geschichte voller göttlicher Wunder gemacht.

Schon die Erzählung, wie das Kind Mose im Binsenkörbchen gefunden wurde, ist höchstwahrscheinlich eine hübsche Legende. Die gleiche Geschichte wurde nämlich schon tausend Jahre früher in Keilschrift festgehalten; sie bezieht sich jedoch auf den König Sargon, der 2360 vor unserer Zeitrechnung die Dynastie Akkad gründete. Die „Plagen", von denen Ägypten heimgesucht wurde, als der Pharao seine billigen Fronarbeiter nicht ziehen lassen wollte, sind bis auf die letzte sehr glaubhaft und nicht einmal besonders ungewöhnlich: Heuschreckenschwärme, Viehkrankheiten, Sandstürme, die die Sonne verdunkeln, zahllose Frösche und Stechmücken während der Überschwemmungszeit — alles das sind für dies Gebiet zwar schlimme, aber bekannte Plagen. Hagel ist am Nil selten, aber doch kein Wunder. Und daß sich das Wasser des Nils blutrot färbt, geschah häufig und bis in unsere Zeit; Ursache dafür sind rotbraune Ablagerungen, die aus einigen Seen am Oberlauf in den Fluß gelangen.

Es heißt weiter, Mose habe die Israeliten durch das „Schilfmeer" geführt. Vermutlich durchschritten sie das sehr flache Schilfmeer, das sich dort befunden hat, wo später dann der Suezkanal gebaut wurde.
Mose führte sein Volk einen uralten Pfad, den schon seit 3000 v. Chr. ägyptische Sklaven benutzt hatten, die im Sinai Kupfererz schürfen mußten. Nach den Angaben in der Bibel konnten die Route der langen Wanderung und die Plätze der Aufenthalte genau bestimmt werden. Das „bittere Wasser" zu Mara ist noch heute zu finden; die Beduinen nennen den Brunnen ‚Ain Hawarah'. Die Oase Elim, einen Tagesmarsch weiter, heißt nun Wadi Gharandel, und die Wüste Sin nennt man heute El Kaa. Und dort erlebten die darbenden Wan-

König Johann I. gab den Auftrag für die erste protestantische Bibelübersetzung ins Englische. Das erste Exemplar war 1611 fertig.

◀ *Eine der kleinsten Bibeln wurde 1901 in Schottland gedruckt. Sie enthält 876 Seiten und ist illustriert. Mit einem Vergrößerungsglas ist sie gut zu lesen.*

derer eine Speisung, die ihnen als Wunder erschien: Wachteln und Manna. Sie wußten nicht, daß Wachteln in jedem Frühjahr von Ägypten nach Europa ziehen und nach ihrem Flug über das Rote Meer erschöpft an der Küste Rast machen. (Bis in unsere Zeit haben dort Beduinen Wachteln gefangen.) Und die Kinder Israels kannten noch nicht das Manna — jetzt wird es auf der Sinai-Halbinsel an Touristen verkauft. Erst in diesem Jahrhundert haben zwei Botaniker aus Jerusalem die Frage nach dem „Himmelsbrot" wissenschaftlich geklärt: Auf den Tamarisken, die in Sinai wachsen, leben Schildläuse, deren Stiche die Büsche veranlaßt, ein süßes, klebriges Sekret auszuschwitzen, das genau dem in der Bibel beschriebenen Manna entspricht. Die Beduinen nennen es ‚Mann es-sama'. Ein fleißiger Sammler erntet an einem Morgen bis zu drei Pfund!
Die Oase Raphidim, um die das Volk Israel mit den Amalekitern kämpfen mußte, ist das heutige Feiran. Bis zum Sieg aber wurde der Durst groß, und Mose schlug Wasser aus einem Felsen. Eben dieses „Wunder" ist dort vor einigen Jahrzehnten von einem Engländer ebenfalls erlebt worden: In einem Trockental gruben farbige Soldaten des Sinai-Kamelkorps zu Füßen einer Felswand im Sand, um an das Wasser heranzukommen, das erfahrungsgemäß durch den Kalksteinfelsen sickert. Ein heftiger Stoß einer Schaufel traf den Fels; die harte Oberfläche des Kalksteins platzte ab, und aus dem großporigen weichen Gestein schoß ein Wasserstrahl! Die sudanesischen Soldaten riefen lachend: „Siehe da, der Prophet Moses!"

Ruinen einer klosterähnlichen Siedlung am Wadi Qumran, nahe beim Toten Meer. Hier lebte in vorchristlicher Zeit eine jüdische Sektengemeinschaft.

Die Bibel im Wandel der Zeiten

In wie vielen Sprachen erscheint die Bibel?

Seitdem es die Bibel gibt, ist sie — ganz oder teilweise — in 1181 verschiedene Sprachen übersetzt worden; dazu gehören Sprachen, wie sie auf den Philippinen, in Kamerun, in Südamerika, im Kongo, in der Republik Guinea und in allen anderen Ländern der Erde gesprochen werden. Ebenso ist die Bibel in allen nur möglichen Schriftarten gedruckt worden. Es gibt Bibelausgaben in kyrillischer, griechischer, abessinischer, arabischer, irischer, tibetanischer, balinesischer, burmesischer Schrift wie auch in japanischer und chinesischer Schrift, die nicht von links nach rechts, sondern von oben nach unten gelesen wird. Und für die Eskimos im Baffinland wurde die Bibel in den einfachen geometrischen Zeichen gedruckt, aus denen deren Schrift besteht. Die hebräische Thora wird von rechts nach links gelesen.

Was ist die Septuaginta?

Von Ptolemäus II., der im dritten Jahrhundert vor Chr. über Ägypten regierte, wird berichtet, daß er ein großer Bücherfreund war. Als er von dem heiligen Buch der Juden, der Thora, hörte, lud er die gelehrten Männer Jerusalems ein, nach Alexandria zu kommen und das heilige Buch dort ins Griechische zu übersetzen. Die Legende berichtet, daß siebzig Gelehrte einzeln oder zu zweien auf der einsamen Insel Pharus untergebracht wurden, wo sie — ohne Verbindung miteinander — die fünf Bücher Mose übersetzten. Nach Abschluß der mühevollen Arbeit sollen ihre Übersetzungen wortwörtlich übereingestimmt haben.
Natürlich ist dieser Bericht eine fromme Ausschmückung einer im übrigen historischen Tatsache: Die siebzig Gelehrten haben eine erstaunlich genaue Übersetzung der fünf Bücher Mose zustande gebracht. Diese Übersetzung

wurde Septuaginta, das heißt „Die Siebzig", genannt.

Später wurden auch die übrigen Teile der Bibel ins Griechische übersetzt. Weil zu jener Zeit alle Gelehrten die griechische Sprache beherrschten, wurde die Bibel nun bald in der ganzen damaligen Welt bekannt.

Bis zum Jahre 1947 stammte die älteste hebräische Handschrift, die man kannte, aus dem neunten Jahrhundert n. Chr. Sie ist eine Abschrift der als maßgeblich geltenden, hebräischen Textabschrift des Alten Testaments aus dem ersten Jahrhundert n. Chr. Es gibt noch viele alte handschriftliche Bibeltexte, Abschriften von Abschriften. Und nach der Septuaginta gab es auch Neuübersetzungen, vor allem auch die Lateinische, die V u l g a t a, die für die Katholische Kirche maßgeblich war.

Welches ist das älteste bekannte Bibelmanuskript?

Unten: Die ersten wichtigen Schriftrollen wurden zufällig von arabischen Schafhirten in einer der Höhlen gefunden.

Fragmente einer Schriftrolle

Gelehrte aus aller Welt befaßten sich mit viel Geduld und Ausdauer damit, die vielfach verstreuten Bruchstücke der Schriftrollen richtig wieder zusammenzufügen.

45

Man wundert sich nicht, daß die Frage auftauchte, ob sich nicht durch immer wiederholte Übersetzungen und Abschriften im Laufe der Jahrhunderte Fehler und Sinnentstellungen eingeschlichen haben. Wie kann man wissen, ob das, was wir in der Bibel lesen, wirklich dem Originaltext entspricht? Das Auffinden einer unbezahlbaren Kostbarkeit trug dazu bei, diese Frage zu beantworten.

Was sind die Schriftrollen vom Toten Meer?

Im Jahre 1947 wurden in einer der vielen Höhlen am Toten Meer zufällig einige alte Tonkrüge gefunden. Darin befanden sich länglich-rundliche Gegenstände, mit leinenähnlichem Stoff umwickelt, der mit Wachs oder Pech getränkt war. Als die Hüllen vorsichtig entfernt worden waren, kamen Rollen von dünnen Tierhäuten zum Vorschein, die mit einer fremd anmutenden Schrift bedeckt waren.

Die Aufregung war groß. Hatte man doch in Palästina kaum schriftliche Zeugnisse der Vergangenheit gefunden, weil man hier schon ein Jahrtausend vor christlicher Zeitrechnung nicht mehr auf Tontafeln schrieb, sondern auf Papyrus oder Leder — und beides hält sich ungeschützt in diesem Klima nicht lange.

Die Wissenschaftler stellten fest, daß sich auf den gefundenen Schriftrollen eine althebräische Schrift befand. Sehr vorsichtig und mühsam wurde das Leder aufgeweicht und auseinandergerollt. Dann begannen die Gelehrten, die Schrift zu entziffern. Altertumswissenschaftler und Kirchengelehrte vereinten sich zum Studium der Rollen. Sie arbeiteten mit verschiedenen Methoden, um herauszufinden, zu welcher Zeit die Tierhäute beschrieben worden sind. Auch die moderne Karbon-14-Methode wurde angewendet.

Das Ergebnis ihrer Untersuchungen: Die Schriftrollen vom Toten Meer sind etwa 2000 Jahre alt!

Sie haben sich nur deshalb so lange erhalten, weil sie offenbar schon zum Zwecke einer längeren Aufbewahrung so gut verpackt waren, daß Witterungseinflüsse ihnen nicht viel anhaben konnten.

Was ist ihre besondere Bedeutung?

Die Rollen sind etwa zur gleichen Zeit beschrieben worden, als der Kanon der hebräischen Schriften, also die geheiligten Bücher, endgültig zusammengestellt wurden. Eine fieber-

Funde aus Qumran

Am Platz der Vereinten Nationen in New York ist eine Mauer mit einem Spruch des Propheten Jesaia beschrieben.

Der Prophet Jesaia in frommer Versenkung — wie der französische Maler Doré ihn darstellte.

hafte Suche begann und förderte noch etliche Schriften zutage. Die aufregendste Entdeckung: Zwei der Rollen enthalten alle sechsundsechzig Kapitel des Buches Jesaja! Man hat also die vollständige Handschrift eines der Bücher der Bibel gefunden — die älteste, von der wir wissen.

Das war eine großartige Gelegenheit, die Texte des Buches Jesaja, die wir bisher verwendet haben, mit dem Text der Schriftrollen vom Toten Meer zu vergleichen. Sollten sich die Texte stark unterscheiden, hätte man schließen können, daß sich auch die übrigen Teile der Bibel stark verändert haben. Es zeigte sich aber, daß die Texte sich sehr gleichen! Der Nachweis war da, daß ein ganzes Buch der Bibel fast wörtlich übereinstimmt mit der 2000 Jahre alten Schrift.

Wie ist es möglich, daß die alten Texte so zuverlässig über zahllose Abschriften und Abschriften von Abschriften überliefert wurden? Wir verdanken das den strengen Vorschriften, die im Talmud für das Herstellen von Kopien heiliger Texte niedergelegt waren. Da waren nicht nur für alle Zeiten die Schriftart, die Maße der Seiten und der Abstand zwischen Wörtern und Sätzen festgelegt, sondern auch Farbe und Beschaffenheit der Tinte und sogar, welche Kleidung der Schreiber bei seiner Arbeit zu tragen habe!

Wer prophezeite den Frieden?

Viele Jahrhunderte lang haben Millionen Menschen an die Aussagen der Bibel geglaubt. Drei große Religionsgemeinschaften sind aus dem Glauben an den einen Gott des

47

Alten Testaments hervorgegangen. Ob Christ oder Hinduist, Jude oder Moslem, ob gläubig oder nicht gläubig — für alle Menschen der Erde haben manche Sätze der Bibel Gültigkeit und Wert.

Und für alle Menschen, die sich nach Frieden sehnen, gibt es in der Bibel eine Prophezeiung, deren Wahrheit tröstlich wäre. Sie stammt von dem großen seherischen Priester Jesaja, der im 8. Jahrhundert vor unserer Zeitrechnung ein weiser Staatsmann und Berater jüdischer Könige war. Der Text dieser Prophezeiung ist (in Englisch) in New York auf die Mauer am Platz der Vereinten Nationen geschrieben — als Ausdruck der Hoffnung der ganzen Menschheit.

Da werden sie ihre Schwerter zu Pflugscharen,
und ihre Spieße zu Sicheln machen.
Denn es wird kein Volk wider das andere
*   ein Schwert aufheben,*
und werden fort nicht mehr kriegen lernen.

Ein Buch der Bibel heißt „Der Psalter".

Was sind die Psalmen?

Es besteht aus 150 Psalmen, aus den religiösen „Lobliedern", die in überaus schöner und bewegender Sprache verfaßt sind. Diese Lieder wurden während der Jahre von 1000 bis 300 v. Chr. geschaffen und beim Gottesdienst oder bei anderen bedeutsamen Anlässen gesungen, von Musik begleitet.

Unter den Psalmen gibt es Hymnen, die die Herrlichkeit Gottes und seiner Schöpfung preisen; es gibt Klagelieder mit flehentlichen Bitten aus tiefster Not; Danklieder begleiteten die Opferhandlungen, wenn Gott die Bitten erhört hatte. In den Psalmen haben Freude und Schmerz, Glauben und Zweifel, Jubel und Trauer ihren starken, dichterischen Ausdruck gefunden.

Die Psalmen wurden von den frühen Christen für den Gottesdienst übernommen und erklangen im Wechselgesang. Später sind manche Psalmen von großen Kirchenmusikern zu herrlichen Kompositionen verarbeitet worden. Hier einige besonders schöne Psalmen:

Psalm 19:
Die Himmel erzählen die Ehre Gottes,
und die Feste verkündigt seiner Hände Werk.
Ein Tag sagt's dem andern, und eine Nacht
tut's kund der andern.
Es ist keine Sprache noch Rede, da man
nicht ihre Stimme höre.
Ihr Klang geht aus in alle Lande und
ihre Rede an der Welt Ende. Er hat
der Sonne eine Hütte aus ihnen gemacht;
und dieselbe geht heraus wie ein Bräutigam
aus seiner Kammer und freut sich,
wie ein Held zu laufen den Weg . . .

Psalm 23:
Der Herr ist mein Hirte, mir wird nichts
mangeln.
Er weidet mich auf einer grünen Aue
und führt mich zum frischen Wasser.
Er erquicket meine Seele, er führet
mich auf rechter Straße um seines Namens
willen.
Und ob ich schon wanderte im finsteren Tal,
fürchte ich kein Unglück; denn du bist bei
mir, dein Stecken und Stab trösten mich . . .

Psalm 36:
Herr, deine Güte reicht, soweit der Himmel
ist, und deine Wahrheit, soweit die Wolken
gehen.
Deine Gerechtigkeit steht wie die Berge
Gottes und dein Gericht wie große
Wasserflut. Herr, du hilfst Menschen und
Vieh.
Wie teuer ist deine Güte, Gott. daß
Menschenkinder unter dem Schatten deiner
Flügel Zuflucht haben!
Sie werden trunken von den reichen Gütern
deines Hauses, und du tränkest sie mit
Wonne als mit einem Strom.
Denn bei dir ist die Quelle des Lebens,
und in deinem Licht sehen wir das Licht.

Psalm 69:
Gott, hilf mir, denn das Wasser geht mir bis
an die Seele.
Ich versinke in tiefem Schlamm, da kein
Grund ist; ich bin im tiefen Wasser,
und die Flut will mich ersäufen.
Ich habe mich müde geschrien, mein Hals
ist heiser; das Gesicht vergeht mir,
daß ich so lange muß harren auf meinen Gott.